フィールドワーク選書 12　印東道子・白川千尋・関 雄二 編

インド染織の現場

つくり手たちに学ぶ

上羽陽子 著

臨川書店

扉写真——祭礼に出かける途中のラバーリー女性（2010年）。
自ら刺繍した衣装を身にまとっている。

目次

はじめに

本書は、インド西部カッチ県に居住するラバーリーの人びとの刺繍、編み、織りを対象としたフィールドワークの記録である。講演会などで、ラバーリーの緻密な刺繍布をみせると、決まって参加者から「つくるのに、どれくらいの時間がかかっているのか」、「値段はいくらですか」と質問される。しかし、私はこれらの問いに明確に答えることはできない。ラバーリーの女性たちは、家事や育児の間にわずかな時間をみつけては針をすすめるだけで、刺繍をするためだけの時間を持っていない。そのため、一枚の刺繍布にかかる正確な時間を導き出すことはできない。私たちがイメージする労働時間に比例した賃金という考え方もなく、制作時間に比例した値段をつけることもない。

どうして私たちは、ものをみたときに、そのものができあがるまでの時間と値段が気になってしまうのであろうか。そういった視点でものを捉えないラバーリー社会において、ものをつくるとはいったいどういった行為なのであろうか。本書では、ラバーリーの刺繍をはじめとする染織技術と染織品の役割について、私がおこなった調査活動を時間軸にそって紹介してみたい。

それは、ラバーリー社会で継承されている染織技術と、彼らのものづくりに対する姿勢を知ることで、ものをつくることの意味を探る試みでもある。

初めてのインド

初めてインドに足を踏み入れたのは、一九九六年十二月、大学四年生のことである。当時、大阪芸術大学の芸術学部工芸学科染織コースにて、裂織による作品制作に取り組んでいた私は、インド西部グジャラート州で「第二回国際絞り会議 in Ahmedabad」が開催されることを知り、参加することにした。

私の大学生活は、毎月の合評会を目指して、作品制作に没頭する日々であった。合評会とは、学生の作品を教員が品評する場である。学生はこの日に向けて作品のプランニングをし、自己表現を目的とした作品をつくる。そして当日は、張りつめた空気のなか、同級生の作品と横並びとなった自身の作品を前に、教員の批評に一喜一憂するのであった。他者に評価してもらう、誰かと競い合うための作品制作の日々のなかで印象的な授業があった。その授業では、正倉院宝物染織品の復元に挑戦したり、ジャワ更紗、インド更紗、西アフリカの泥染めといった、世界の染織技術を現地の技法にのっとって製作するなどユニークな取り組みをしていた。この授業は、世界各地で染織技術の調査研究をされていた井関和代先生によるものであった。現地の映像や染織資料をみせていただけることもあり、毎回ワクワクしながら授業を受けていた。さまざまな地域の染織技術を学ぶなか、私は世界各地の人びとの創意工夫や染織技術の多様な世界に魅了されていったのである。

そういった時に、「第二回国際絞り会議 in Ahmedabad」の開催を知ったのだ。インドに世界中の絞り職人や作家、研究者があつまって国際会議をするという、魅力的な情報にすいよせられるように、私はインド行きを即決した。当時は卒業制作にとりくんでいた時期でもあり、ものをつくることの道理や意味、そして制作へと自分を突き動かすものがいったい何なのか、といった疑問が幾多にも重なっていた時期でもあった。このような悩みを抱えていた時に、どこか別の場所に行ってみたい、解決の糸口を探したいと思っていたのかもしれない。

初めてのインドは、その後の進路を決定づけるものとなった。国際絞り会議が開催されたインド西部グジャラート州は、染織が盛んな地域であった。井関先生にインド渡航の相談をしたところ、グジャラート州へ行くならカッチへも立ち寄ることをすすめられた。そこで、会議の前後に、グジャラート州の北に位置するラージャスターン州や、パキスタ

地図１　インドおよびカッチ県

ンとの国境沿いのグジャラート州カッチ県へも足をのばした。二週間という限られた時間のなかで、絞り染め、木版捺染、絣織、縫い取り織、刺繡、ビーズワーク、アップリケなど、多彩な染織品の産地をできるかぎり周遊した（地図1）。

ラバーリーの刺繡布と出会う

同時に、骨董品屋や土産屋に足を運び、多くの染織品をみるようにした。ところが、多くの染織布をみるほどに、少しずつ違和感を覚えるようになった。

それまで大学では、学生が刺繡や編み物、アップリケといった技術で作品制作をした場合、先生から「ここは芸術大学だから、そういったものは被服科や家政科でつくるべきだ」、「作品が手芸っぽくならないように」など厳しい指摘を受けることが多かった。当時は、深く考えることもせず、一般的に手芸と呼ばれる技術によって制作される造形物は、芸術性が低いと思いこんでいた。

幼少期の私は、折り紙やあやとり、刺繡、ビーズ細工、編み物など、一括りに手芸と呼ばれるこれらのものにとりつかれていた。手先をつかってものをつくりあげることに純粋に楽しみを感じていたのだが、今ふりかえると、解説書を読み解き、徐々にむずかしいものに挑戦してゆくことが快感だったのかもしれない。同時に、つくりあげたものを両親や友人にプレゼントをして、褒められたり喜ばれたりしたことが、単純にうれしかったのだ。しかし、いつのころからか、こういった手作業をぱったりとやめてしまった。明確な理由は思い出せないが、思春期や反抗期を経て、手芸の持つ女の子っぽさが気恥ずかしくなり、嫌になってしまったのかもしれない。

その後、手芸とふたたび出会うのは、大学進学後である。上述したように、学部の染織コースで、染めや織りを学ぶなか、手芸と呼ばれる編み物や刺繍、アップリケ、ビーズワークが、芸術の枠組みから周辺化されていることを実感したのである。手芸とは、いったいなんなのだろう。芸術、美術、工芸との関係はどのようになっているのだろうか。大学時代の私はそういったことに徐々に関心を持つようになっていった。

芸術性の有無をどこで判断するかは諸説あると思う。例えば、心が揺り動かされる、いつまでも眺めていたい、つくり手の感情をよみとることができるなどのものには芸術性があると考えられる。初めてのインド渡航で出会ったインド西部の数々の染織品の中で、このような感情を与えてくれたのは、グジャラート州カッチ県に居住するラバーリーと呼ばれる人びとがつくりあげた刺繍布やアップリケであった。そして、その事実に、とまどいや違和感を覚えたのである。つまり、刺繍やアップリケのようないわゆる手芸といったものに、私自身がいつの間にか偏見を持っていたことに、インドで気がついたのである。

さらに、インドの骨董品屋でたびたび、「どうして日本人は、染めや織りだとふっかけた値段でも購入するのに、刺繍やアップリケなどは高いといって値切るのか」と聞かれた。これはラバーリーの刺繍布やアップリケ布ばかりに興味を持つ私をみて、行く先々の店主が尋ねた質問であった。とくに興味深いことは、店主が「欧米の観光客は刺繍やアップリケでも高い値段で購入する」とつけくわえることであった。

このような経験から、二つの問いが生まれた。ひとつは、手芸とはなんなのだろうか、という素朴な問いである。刺繡やアップリケ、編み物などをひとまとめとする手芸という概念は世界中にみられるものなのだろうか。それとも日本だけの概念なのだろうか。また、手芸に芸術性はあるのだろうか。

もうひとつは、ラバーリーの刺繡布は、どのような文化背景のなかでつくりだされ、つくり手たちは、どのような気持ちでものづくりに取り組んでいるのだろうかということである。初めてのインドで出会ったラバーリーの刺繡布は、家族が身に着けることや結婚相手に贈ることを目的としてつくられていた。気の遠くなるような時間の蓄積によって刺繡された布をながめながら、自己表現のためにものづくりをしている私とは別世界に存在する、ラバーリーのものづくりに衝撃を受けた。いったい、ものをつくるとは、なんなのか。大きな命題が私を包み込んだ。

ラバーリーのものづくりを知りたい。そこに、二つの問いを解く鍵があると思ったのである。

本書の構成

本書は、私がこれまで体験してきた調査研究、つまりインド西部グジャラート州カッチ県での調査を綴ったものである。以下では、本書の構成を大まかに紹介したい。

まず、第一章では、現地調査開始までの経緯や、村での生活の様子、ラバーリーの刺繡布を習う過程を紹介する。

第二章は、刺繍布の制作を通して、ラバーリーの「養女」になった成り行きをはじめ、結婚儀礼などの人生儀礼に登場する刺繍布の役割に関する調査活動や、調査先にお嫁さんがやって来て新たな家族を迎えた村での生活の様子を紹介する。

第三章では、女性の手仕事から男性の手仕事へと調査範囲を広げる過程を描いている。牧畜生活の必需品である放牧用の紐やラクダの腹帯、乳当て袋などの制作行程を学ぶエピソードを紹介する。ここでの調査が、その後の研究の方向性を大きく変えることとなった。また、調査をすすめるうえで、焦りやとまどい、葛藤を多く抱いたのは、この時期であった。そういった場面や、そこで私がどのように対処したかについても述べる。

第四章は、ラバーリーの調査研究をすすめるなか機会を得た、ヨルダンでの染織資料データベースづくりについて述べる。染織資料をどのように扱えばよいのか、資料情報をどのように作成するかといった染織品や衣装のデータベースづくりの奮闘を描き、こうした調査からラバーリーの染織品や牧畜文化を比較の視点で考えるきっかけを得たことを紹介する。

第五章は、二〇〇一年に調査地インド西部を襲った大地震の様子を描いている。震災後、建物などが崩壊した調査地の生活は大きく変化し、それにともなってラバーリーの家屋や衣装も変容した。被災を受け止め、復興してゆくラバーリーの人びとの姿から、彼らのものづくりに対する考え方が浮き彫りになった。

第六章では、一通りの調査を終えた後、再度、映像取材のために調査地を訪れたときのことを取り上げている。初めてカッチ県を訪れるカメラマンを同行しての映像取材は、私にとって慣れ親しんだ調査地を客観視する機会となった。

本書は、時間軸にそって、調査の様子やその過程で起こった村人とのエピソードを、できるかぎり正確に執筆するように心がけた。私は調査開始時から現在まで、常につくり手の立場にたって、ものづくりに携わる人びとに焦点を絞って調査研究活動をしてきた。これらの活動を、通時的に紹介するのは初めての経験である。本書を書くにあたって、私自身が、そのときそのときに何を感じて、どのような道をたどってきたのかを改めて発見するよい機会となった。本書を通じてインド西部の人びとの、ものづくりの世界に触れていただければ幸いである。

第一章　調査の始まり

まちきれずふたたびカッチへ

初めてのインド訪問から帰国した後、ラバーリーのものづくりに関する調査研究をおこなうことを決めた私は、一九九七年四月に大阪芸術大学大学院修士課程へ進学した。そして、同年七月、いてもたってもいられず、ふたたびグジャラート州カッチ県を訪れた（7頁地図1参照）。日本からカッチ県への最も便利な行き方は、インド西海岸に位置するムンバイまで行き、そこで一泊し、翌日ムンバイから国内線でカッチ県の県庁所在地ブジの空港まで移動する経路だ。前回のインド渡航では、同じグジャラート州のアフマダーバードから陸路でカッチ県を訪れたため、今回が初めての空路であった。大学時代に、海外旅行をする機会もあったため、一人で外国へ行くことに不安はなかった。むしろ、これからラバーリーの刺繍を調査できる好奇心でいっぱいであった。

ムンバイから飛び立ち、二時間たつと眼下に見渡すかぎり茶色の大地がみえてきた。ブジ空港に着陸すると、待ち受けていたのは空港というよりは、整備された空き地のような場所であった。私を含め十数名の乗客は、タラップから降りると、銃を持った大柄な兵士たちに囲まれた。カッチ県はパキスタンとの国境沿いに位置するため、一般旅客も空軍の空港を使用していると事前に聞いてはいたものの、日本では感じたことのない緊張感に驚いた。国境地域に着いたのだなと、息を大きくすった。兵士は口をきかず、遠方にみえる小屋に顔を向け、歩けという仕草をしている。灼熱の陽射しのもと、乗客一行は、大きな銃を持ってにこりともしない兵士についてだまって歩いた。それまで期待に胸をふくらましていた私は、一転、捕虜か囚人のような気分になり、暑さと乾燥、そこに緊張も加わって、ようやく小屋についたときには、口の中がカラカラになっていた。

私の荷物はどうなるのだろうか。他の乗客に荷物のことを尋ねると、しばらくするとここに到着するよと言われ、ひとまずホッとした。やがて遠くの方から、荷物をのせた台車がやって来た。バンバンと荒っぽく小屋の一角に荷物が投げ込まれる。荷物をとるために殺到する乗客とともに、私も投げ込まれたスーツケースを引き寄せた。

やっとのことで小屋をでると、外には出迎えの人びとが群がっていた。その中に知っている顔をみつけた。国際絞り会議で知り合いになったカッチ県在住の人だ。事前に連絡をしていたため、空港までリクシャー（三輪タクシー）で迎えに来てくれていたのである。少し緊張も解け、荷物をリクシャーに積み、一緒にブジ市街のホテルへ向かった。空港からブジ市街まではリクシャーで約三十分である。リクシャーの中で、どこかラバーリーの家に住むことはできないだろうかと、彼に相談した。良い人がいるというので、ホテルで少し休憩をしてから、紹介してもらうことにした。

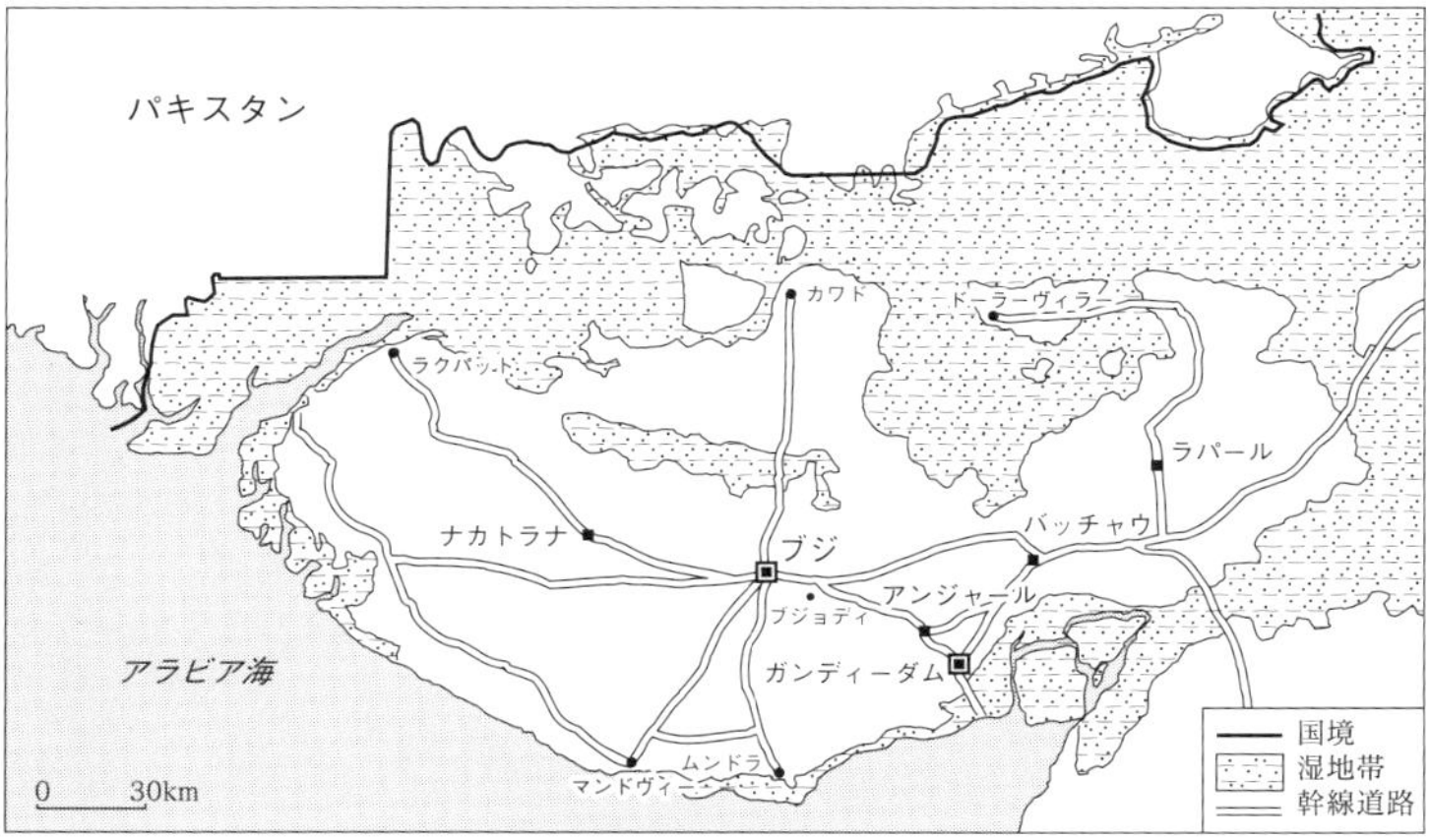

地図2　カッチ県

ブジョディ村へ

ブジョディ村は、ブジから東へ七キロメートルのところに位置している（地図2）。「ブジョディ村は、二百軒ほどの村で、織りを生業としているワンカルと、ラバーリーがほぼ半分ずつ暮らしているんだよ。ブジにも近いし、最初に調査する村としてはいいのではないか」と、リクシャーの中で話を聞きながら、二十分程度で村へ到着した。

そして、この村に住むラバーリーの男性を紹介してもらった。後に私の身元引受人かつ「父親」となるバンカ・カナ・ラバーリー・バードュカーさんだ。彼は英語が通じたので、私はつたない英語で、ラバーリーの刺繍を調査したいこと、そのためにこの村に住みたいことをゆっくり説明した。するとバンカさんから「あなたはラバーリーの刺繍でピーエッチディーをとりたいのか？」と質問された。いきなりラバーリーの男性に博士号を意味する「ピーエッチディー（Ph.D.）」と言われ、こちらが面食らった。聞けば、彼は以前に四ヶ月ほど、イギリスの文化人類学者を自宅に滞在させた経験があったと言う。そのため、文化人類学者の現地調査が何たるかを知っており、インフォーマント（情報提供者）の経験もあるという。だからだろう。私の目的をすぐに察して、自宅への滞在を承諾してくれた。

予想以上の速さで調査拠点が決まった。さっそく翌日、ホテルの荷物をまとめ、必要であろうと思われる日用品をブジの市場で購入してふたたびバンカさんの家を訪れた。彼の家族は、妻と二十三歳の長男、二十歳の次男の四人であった。隣の家には、バンカさんの母親ナッティさんが住んでいた。ナッティさんの夫は、バンカさんが幼いころ、亡くなったという。私は、バンカさんの家の一室を自室として使用させてもらうことになった。

ブジョディ村で生活を始める

バンカさんには英語が通じたが、妻や息子たちには英語が通じなかった。彼らは日常、ラバーリー語で会話をしていた。そのため、村での生活はラバーリー語を覚えることから始まった。ラバーリー語は文字がなく、村の多くの人びとは読み書きができなかった。村には、州政府の小学校があり、学校教育を受けた子どもたちは、州の公用語グジャラート文字の読み書きができた。そのため、ラバーリー語は、グジャラート文字を借用して、書かれることもあったが、辞書や文法書などはまったくなかった。村のラバーリー男性もグジャラート文字を読むことはできても、書くことができない。また多くのラバーリー女性は、自分の名前をかろうじて書けるといった程度であった。

私は、前回のインド渡航で購入したグジャラート語・英語の辞書と、英語によるグジャラート語の基礎文法の本を持って来ていた。そこで、毎日時間を決めて、バンカさんにグジャラート語の基礎文法書を片手に、ラバーリー語を習った。また、どこへでも辞書を持ち歩き、そこにラバーリー語を記入するという方法で、言葉を覚えていった。

ラバーリー語の習得に大きな助けとなったのが、アメリカの文化人類学者ジュディ・フレイターの書籍と修士論文であった。彼女は一九七〇年代よりインドの村落で文化人類学の調査を実施しており、一九八七年にラバーリーの衣装や刺繍に関する研究で文学修士の学位を修得していた。さらに一九九五年には、修士論文にその後の調査を加えた、ラバーリーの衣装や儀礼に関する書籍『*Threads of Identity*（アイデンティティーの糸）』を刊行している。両書ともに、ラバーリーの社会背景や基礎情報が書かれているほか、文末には現地語の語彙集が載っていたため、それらの本は手引書として調査地で大いに役立つこととなった。

このようなラバーリー語の勉強と同時に、私はまちきれず刺繍も習い始めることにした。運のよいことに、バンカさんの母親ナッティさんは、村中で一番の刺繍上手といわれる腕前の持ち主であった。バンカさんとともにナッティさんの家へ行き、ラバーリーの女児が母親に習う手順で刺繍技術を教えて欲しいとお願いし、快諾を得た。それから毎日、朝から夕方まで刺繍を習う日々が始まった。

最初はバンカさんが一緒にいて通訳をしてくれた。ただし、彼も仕事や用事があるため、毎日とはいかず、そのうち私とナッティさんの二人きりになる時間が増えていった。ナッティさんは、まだ言葉がよく理解できない私に対して、短い一文でゆっくりと何度も言葉をかけてくれた。わからない文章や単語は、カタカナでメモをして、後からバンカさんに尋ねるという行為をくりかえして、刺繍に関する用語を増やしていった。

村での一日

この当時の一日の生活をみてみよう。

起床は朝七時ごろ。起きるとバンカさんの妻ラミさんが、朝食の準備をしている。朝食はマニとチャイだ。マニ（インドで一般的にチャパティと呼ばれる）は、全粒粉に水と少量の塩を入れてこねた後、薄くのばして焼いた無発酵の薄いパンだ。毎朝、マニを三枚とチャイを二杯飲むのが朝食だ。チャイはミルクに茶葉とたっぷりの砂糖を入れて沸騰させたミルクティーである。ミルクは向かいの家から毎朝配達される。向かいの家は四軒長屋のような家屋で、そこにはバンカさんのイトコ（バンカさんの父親の弟の息子）の七兄弟のうち長男から四男までがそれぞれ妻と子どもと住んでいた。ラバーリーは父系社会のため、通常、結婚すると男性が家を構え、妻をむかえて居住する。

ラバーリーは牧畜を主な生業としている。七兄弟の長男はウシ、次男はヒツジ、三男はヤギ、四男はヒツジを村から少し離れた放牧地で飼養し、ミルクや生体などを販売して生計をたてている。

写真1　ラバーリーの飼養しているヤギはカッチ種（*Kutchi Breed*）。やや大型種で、毛色は黒もしくは茶、白で耳は長い。家畜としての利用目的は、乳、肉、毛である。ただし、ラバーリーの人びとはヒンドゥー教義により自ら屠殺はせず、生体のまま販売し、肉も食べない。

バンカさんは三男と月契約を結んでいたので、私は毎朝ヤギの乳を飲んでいた（写真1）。ヤギのミルクは、ミルクティーにするとそれほど気にならないが、そのまま飲むと癖がある。日本で飲んでいる牛乳に比べると、少し薄くて動物臭があるといった感じだ。昼食と夕食にはヤギのミルクがそのままでてくるため、慣れるまではいつも息をとめて飲んでいた。

朝食後、水浴びをしてから寺院へ行く。バンカさんの家は、周囲の家と異なり、ラバーリーの家の中でもお金をかけてつくられたコンクリート製で、家の中にトイレと洗い場があった。洗い場には蛇口があり、床下と屋上にあるタンクには、朝と夕方に家の前の寺院にある公共井戸から水くみをしてきた水が貯めてあり、蛇口から水がでるようになっていた。

七月のカッチ県は、日中四十度近くまで気温があがるため、朝の水浴びは気持ちがいい。ラバーリーの人びとはヒンドゥー教徒なので、村の人びとは水浴び後、寺院にお祈りをしてから一日を始める。私も、毎日八時から九時ごろ、家の前にあるシヴァ寺院と、歩いて三分ほどのふたつの女神寺院へお祈りに行く。この時間は、女性たちが家の前で子どもに水浴びをさせたり、食器洗いをしたり、軒先の掃除をしている時間である。水浴びを終えた子どもたちは私をみつけると走って来て、寺院を一緒にまわるのである。子どもにとって外国人は興味の対象であった。

調査当初、この時間を人の名前を覚える時間にあてていた。この村では、一世帯に子どもが少なくても三人、多いと五人ほどいる場合が多く、なおかつ子どもたちは親戚同士の家を自由に行き来しているため、当初はだれがどこの家に住んでいるかがまったくわからなかった。寺院へ向かう道中、出会う人の名前とその家族の名前を子どもたちと一緒に歌のようにして口ずさむのが日課であった。

お祈りの後はナッティさんの家へ行き、刺繍を習う。ナッティさんの家は、この村のラバーリーの一般的な住居で、素焼きの煉瓦の壁と木材の梁、素焼きの瓦屋根といった簡素なものであった（写真2）。壁と床は、家畜の糞と土を混ぜて泥状にしたもので塗り固め、さらに石灰を壁に塗っている。室内に入ると、泥で塗り固められた床がひんやりとして、涼しく感じられた。

十二時ごろになると、近所の子どもたちがナッティさんの家に「ラミカキ（カキはおばさんの意

写真２　二軒長屋の右側がナッティさんの家。灼熱の陽射しを室内へ入れないために窓は小さくなっている。軒先は昼寝をしたり、おしゃべりをしながら刺繍をする場所になっていた。

味)が呼んでるよ」と声かけに来る。それを合図に、一旦家に戻り昼食をとる。昼食は、ラミさんが用意してくれる。マニと野菜炒め、ヤギのミルクだ。野菜は、野菜売りが台車にジャガイモやニンジン、キャベツ、カリフラワー、タマネギ、ナスなど数種類の野菜をのせて、村まで毎日売りに来る。この中から数種類の野菜を組み合わせて、食べやすい大きさに切り、スパイスで炒める。すこしとろみのあるカレー風味の野菜炒めといったところだろう。夕食は野菜の種類が変わるだけで味付けは同じだ。人によっては、夜はマニだけ、あるいはミルクだけという人もいる。このようにラバーリーの日常の食事はとても質素なのである。

ヒンドゥー教徒は不殺生を旨としてい

写真3　泥で塗り固められた室内に敷布団をひいて、大人も子どももお昼寝をする。敷布団は、使い古した衣装や布を再利用して縫い合わされる。

るため、肉や魚を忌避する菜食主義の人が多い。ブジョディ村のラバーリーも、菜食主義で肉や魚、卵を一切口にしない。そのため、ブジョディ村に滞在している際は、ラバーリー同様、菜食主義で過ごした。

昼食を終えると、ラミさんは、「はい、持っていって」と、食事を入れたお皿を私に渡す。ラミさんの姑にあたるナッティさんの昼食だ。実は彼女たちは村の中でも有名なほど仲が悪く、私も彼女たちが話をしているところをみたことがないほどだった。ナッティさんの食事が終わると、お昼寝タイムとなる。この地域では、太陽が真上となる時間帯は、強烈な暑さになる。村人は、暑さをしのぐため食後二時間程度は家の中や軒先でごろりと横になって休息をとることが習慣となっている（写真3）。

私もナッティさんの家でお昼寝をする。三時ごろになると、近所の子どもたちの走り回る声で目が覚める。そして、子どもがラミさんのつくったチャイを持って来てくれる。チャイは、お昼寝の後には、かかせない飲み物だ。このチャイで目を覚ますのである。

そして、ふたたび、暗くなるまでナッティさんに刺繍を習う。縫い目がみえなくなるころには、近所の子どもが夕食の時間であることを伝えに来る。そして、帰宅して食事をし、その日に聞いた単語や文章をバンカさんに一時間から二時間程度、尋ねながら調査ノートをまとめる。

その後、就寝までの三十分から一時間ほど、ふたたびナッティさんの家や向かいの家へ行き、みながしゃべっている話に耳をかたむけ、十時ごろになると眠りにつくのであった。

現地へ飛び込む

通常、文化人類学の調査では、事前に文献を渉猟し、言語を習得してから村へ入ることが正攻法とされている。しかし、元来の読書嫌い勉強嫌いから、私は言葉もろくにできず、インドや調査地の知識もほとんどないまま、ラバーリーの村へ飛び込んでしまった。タイムトラベルでこの時期に戻れるのなら、もっとじっくりと文献渉猟や言語習得をしてからラバーリーの村で調査を始めるかもしれない。

一方で、彼らに対するイメージや偏見を持つことなく、調査地へ入れたことは良かったと思っている。調査の途中、ラバーリー以外のカッチ県の住人に、「ラバーリーの家に住んでいる？　なぜ、街のホテルから通わないのか?」、「大丈夫か? ものを盗られたり、乱暴はされていないか?」、「食事は彼らと一緒にとっているのか?」などの質問を浴びることがたびたびあった。どうやら街の人にとってラバーリーは、「野蛮な人たち」、「危ない人たち」といったイメージがあったようだ。彼らがこのようにイメージされる理由は徐々に説明してゆきたい。

事前準備が少なかったため、前述したフレイターの書籍と論文、『南アジアを知る辞典』(平凡社)と『文化人類学辞典』(弘文堂)、『日本を知る小辞典』(社会思想社)を調査地に持参し、熟読した。文化人類学の用語と日本の風俗については、調査地で勉強したといえるほどのある意味で無謀ともいえる現地調査であったかもしれない。幸運だったのは、滞在先のバンカさんは英語ができることから、この地域やラバーリーの取材をする人びとのガイド的な役割を担っていたことだ。そのため、彼の家にはインド国内外で刊行されたカッチ県やラバーリーに関する書籍が蓄積されており、これらも現地で読みあさることができた。

さらに、ラバーリーの経済活動や宗教、言語、慣習などは、彼らとともに生活をしながら知ることとなった。話をすすめる前に、ここで調査地カッチ県とラバーリーについて簡単に紹介しておこう。

カッチ県

カッチ県は、インド西部グジャラート州を構成する十九県のひとつで、アラビア海に面している。

面積は四万五六一二平方キロメートル、年間降雨量四百ミリ以下の乾燥地帯である。私は調査期間中、この厳しい乾燥になんども喉をやられた。意識して水を定期的に飲まないと、しだいに声がかすれ、そのまま喉が痛くなり、何も声を発することができなくなってしまうのだ。調査地では、話をすることが重要だ。こうなってしまうと調査はお手上げになる。村の人びとからは「大きな声でしゃべりすぎたのが原因だ」といつも笑われていた。数日黙っていると、ふたたび話すことができるようになったが、次の調査から、喉スプレーは調査の必需品となった。

写真4　カッチ大湿地帯。カッチ半島はかつて島であった。隆起作用と堆積作用によって内湾となった浅海が灼熱の陽射しによって乾燥し、上層部は塩を敷き詰めたような真っ白な塩化物の土壌になり、下層部はシルト質の湿地となった。

カッチ県の面積の半分以上の土地は、塩性の湿地帯で占められている（写真4・15頁地図2参照）。降雨量の少なさと数年に一度起きる旱魃《かんばつ》、塩性の土壌といった要因から、耕作には適していない。カッチ県の人口は、一二六万五五〇七人で、ヒンドゥー教徒七五・四パーセント、イスラム教徒一九・六パーセント、ジャイナ教徒四・六パーセントなどで構成されている（二〇〇一年当時）。このうち農業人口は約半分で、農業に適していない土地のため、牧畜や手工芸が発達した。

初めてカッチ県を訪れたとき、道ですれちがう家畜の数におどろいた。ウシ、ヤギ、ヒツジ、スイギュウの群れと日常的にすれ違う（写真5）。少し都市部から離れるとラクダの群れにも遭遇する（写真6）。私は小さいころから犬や猫を飼っており、一時は、動物園の飼育係か獣医にあこがれたこともあった。そのため、偶然ではあるが、牧畜を生業とする人びとが多く生活するカッチ県で調査できることは幸運であった。

カッチ県は、調査対象となったラバーリーをはじめアヒールやバルワドなどヒンドゥーの牧畜民、ムスリムの牧畜民であるムトワやジャトなどが居住している。特にカッチ北部のバンニーと呼ばれる地域は、肥沃で牧畜に適した土壌であり、多くの牧畜民が生活をしている。

ラバーリーとは

ラバーリーは日本の書籍では、ラバーリー族、ラバーリー民族などと表記されることもある。しかしインドでは、ラバーリーは部族や民族ではなく、コミュニティとして捉えられている。インドにおいてコミュニティとは、カースト、部族、宗教集団など、集団間を区別するための本来の基準では、はかりきれないあらゆる集団を総称してもちいられる言葉である。本書では、インドの使い

写真5　ヒツジを放牧するラバーリー男性。ラバーリーの飼養するヒツジは、チョクラ種（*Chokla Breed*）。顔色は褐色で、毛色は赤身をおびている中型種である。利用目的はヤギ同様、乳、肉、毛である。

写真6　100頭から200頭のラクダを飼養するラバーリー男性。インドはヒトコブラクダ生産の最東に位置し、頭数も世界第10位。利用目的は使役、肉である（2007年FAO統計データ）。

方にならって、コミュニティという言葉をもちいる。

ラバーリーは移動をくりかえしてきた人びとである。ラバーリーの移動について、一九七〇年代後半からインド各地で調査を続けてきたフレイターによると、紀元前五世紀ころから十一世紀ころにかけてアラビアから中央アジアを経由し、ラージャスターン地方（現インド北西部ラージャスターン州）へ移り、その後、十四世紀にラージャスターン地方からスィンド地方（現パキスタン南東部スィンド州）を経て、カッチ地方に到達し、現在に至るとされている。現在は、ラージャスターン州に一グループ、グジャラート州に十一グループと広範囲に分散して居住している。

カッチ県には、カシ・ラバーリー、デバラヤ・ラバーリー、ヴァガディア・ラバーリーの三つのグループが分かれて居住している（地図3）。私が調査対象としたのは、この三グループである。

地図3　ラバーリーの居住地
［FRATER 1995:37を参照して筆者作成］

三グループを合わせた人口は、約一万五〇〇〇人〜一万八〇〇〇人で、このように数字が曖昧なのは、移牧生活をおこなうラバーリーについて政府が明確な数字を把握していないからである。この数はカッチ県総人口の約一・一パーセント〜一・三パーセントにあたる。

すでに触れたように、ラバーリーの主な生業は牧畜で、ラクダやヤギ、ヒツジ、ウシ、スイギュウを飼養している。その生活形態は、おおまかに移牧生活と定住生活にわけられる。移牧とは、主体を定住村に残し、男性を中心とした一部の人びとが家畜をつれて牧畜生活を営むことである。ラバーリーの移牧は、家畜に与える草を求めて、一年のうち約十ヶ月間を移動しながら生活するというものである。近年では、移牧生活から定住生活へとラバーリーの生活形態が変化してきている。定住生活をしている人びとは、朝から夕方までの日帰り放牧をおこなっている。

調査拠点となったブジョディ村は、定住生活をしているカシ・ラバーリーの居住地で、ヤギやヒツジ、ウシ、スイギュウの日帰り放牧に従事している人びとが多かった。こうした牧畜生活は、主に男性主導でなされる。第三章で男性の手仕事とともに紹介する。

インド西部の衣装

調査を始めたころ、私はすれちがう牧畜民のたたずまいに惚れ惚れしていた。男性や女性はもちろん、小さい子どもでも一人前に家畜を引きつれている。彼らの素早く小気味よく歩く姿にうっとりしていた。また、彼らの身に着けている衣装にも惹かれた。

写真７　ラバーリー男性衣装。下衣は幅110センチメートル、長さ約360センチメートルの一枚布となっている。腰に巻きつけ、布の終わりを前から股のあいだをくぐらせ、後方に紮げると、裾がすぼまったズボンのような形態となる。

バンカさんがすれちがう牧畜民をみつけては、衣装の特徴を教えてくれた。「彼らはアヒールだよ。ラバーリーと衣装が似ているようにみえるかもしれないけど少し違うのがわかるかい」、「彼らはジャト。ムスリムだよ。ほら、ヒンドゥーの衣装とは明らかに異なるだろ」などと丁寧に解説をしてくれた。

同じカッチ県でも、牧畜民と町でくらしている人びととでは、明らかに衣装の形態が異なっている。例えばラバーリーの衣装は、男性は上衣ケディユンあるいはカミース、巻布式の腰衣ガンディ、頭巾ルマル、羊毛の肩掛カティーの組み合わせである（写真７）。女性は上衣カンチャリと襞をとった長い下衣カリィユ、頭から上半身を被う

写真8　ラバーリー女性衣装。上衣、下衣、被り布の組み合わせによる女性の衣装形態はインド西部でよくみることができる。

写真9　サリーを身に着けるカッチ県の女性。西洋風のブラウスとペチコートとともに着用されている。絞り染めや刺繍、金糸をもちいた紋織、シルクスクリーン捺染など、多様な染織技術をみることができる。

大型の被り布ルディの組み合わせになっている（写真8）。幼児や青年、村から町へ仕事に通っているラバーリー男性はシャツとズボンという洋服を着ていることも少なくない。一方、女性は洋服を着ることはない。

インドの女性衣装というと一般的には、長い布を身体に巻きつけるサリーを思いうかべるかもしれない（写真9）。しかしインド各地では、サリーではない形態の女性衣装も多くみることができる。それはサリーが一九四七年のインド独立後に、インド国家の統合を象徴するという役割を持って普及したナショナル・ドレスであり、インド全域でみられるようになったのはここ百年あまりなのである。

ここインド西部でもラバーリーの衣装とは少し形態が異なるが、基本形態はラバーリーと同様にカンチャリと呼ばれる上衣と、スカート状の下衣、オダニと呼ばれる被り布の組み合わせを着用する人びとが多い。

洋服は不便

当時、私はチノパンとTシャツ、その上に長袖シャツというういわゆる洋服姿で調査をしていた。しかし、この地域で生活をしてみると、洋服はとても不便であることを実感した。

最初に調査に入った時期は、自分が身に着けているものは自分で洗濯をしていた。同時に洗濯をしたラバーリーの衣装は、私の洋服よりも圧倒的に早く乾いた。チノパンやTシャツなどはとても乾きにくいのだ。とくに縫い目が重なっている部分などは、乾くのが遅い。それに比べて、この地域の衣装は一枚布が多く、縫製部分も少ないため薄くてあっという間に乾いた。

ラバーリーの既婚女性の上衣は、ブラウスの胸部分にギャザーをとり、その部分に胸を入れる形態をしている。後身頃はなく、背中の空いているブラウスとブラジャーが一体化したようなものだ。ただし、背中は通常、被り布で覆われているため隠れている。

この地域の気候をかんがみれば、この衣装形態はとても理にかなっている。頭を覆う被り布は灼熱の太陽の陽射しをさけ、空いている背中にはスーと心地よい風が通るため、とても気持ちがよい。また、女性上衣は、貴重な布を無駄なく使用するために、全て直線断ちとなっている。同時に後身頃がないため、布量の節約にもなっている。持ち運ぶ際にも、直線断ちにそって小さく畳むことができる。

ラバーリー社会において寝間着や労働着は存在しない。村の人びとは朝に水浴びをするが、夜は顔や身体を洗わずに就寝する。滞在当初、夜寝る前に顔を洗って、歯磨きをしていると、周りの人びとに「今から起きるのか。寝るのになぜ顔を洗って歯磨きをするのか」と笑いながら聞かれた。たしかにみな、顔も洗わず歯磨きもせず、昼間着ていた衣装のままで寝るのであった。

そして、翌朝、水浴びと同時に衣装も洗う。つまり身体を洗うと同時に衣装の洗濯も済ませるのだ。ラバーリー女性の下衣は、カリィユと呼ばれ、筒状の形態をしている。カリィユの寸法はタテの長さ一ワール、ヨコの長さ四ワールである。ワールとはラバーリーの身体尺の単位で、顔を左に向けたときの鼻の先から、伸ばした右腕の指の先までを指す。一ワールは約九十センチメートルにあたる。つまり、タテ約九十センチメートル、ヨコ約三六〇センチメートルの長方形の布の短辺を縫い合わせて輪状のスカート状にする。これを腰に巻いた紐に挟み込みながら、お腹の部分に細かくたっぷりと襞をとる。ラバーリーの女性たちは、この下衣で身体を隠しながら水浴びをする。そして、洗い終わると別の衣装に着替えて、洗濯のすんだ衣装を干す。乾燥している地域では、灼熱の太陽の下、洗濯物が乾くのはあっという間で、この方法であれば最低二着もあれば不便を感じずに生活することができる。

朝、私が女神寺院へ行く途中、ラバーリーの女性も男性もこのような洗い方で、身体を洗っていた。村の一般的な住居では、洗い場が外にあり、目隠しのための仕切りがないことが多い。そういった場合は、女性も男性も、大きなたらいとバケツで水浴びをする。初めてみる光景に、じっとその様子をみていると、「他の人が水浴びしているときには、その方向をみないようにするのがラバーリーのルールだよ」と注意された。

滞在先には家の中に洗い場があったため、日常は外で身体を洗うことがなかった。しかし、別の村に泊まる機会があった時、チノパンとTシャツを着ていた私は、屋外で裸にならなければいけなく、身体を洗うのを躊躇したことがあった。そういった時には、ラバーリーの女性下衣をかりて、それで身体を隠しながら洗うことができた。公共の井戸や池などで身体を洗う際にも、裸にならずにすむため便利であった。

機能的な衣装

ラバーリーは男性も女性も下着を身に着けない。下腹部に襞をたっぷりとっている下衣は、下着をつける習慣のない女性たちにとって、排泄をするときに機能的だ。水浴び同様、屋外で排泄をすることが一般的なため、下衣をふわりと、さながら大きな傘のようにして座ることによって、そのまま肌を露出せずに用を足すことができる。

調査地でラバーリーと同様の生活をしていると、洋服の不便さを幾度も感じた。そこで、私はラバーリーの女性衣装を着て調査ができないか試してみた。滞在先の向かいの家に住む、バンカさんのイトコの娘が同年代で背格好も似ていたため、彼女の衣装一式を貸してもらうことにした。カンチャリと呼ばれる上衣は、後身頃のないブラウスとブラジャーを一体化したような形態をしているため、下着をつけずそのまま身に着ける。確かに後身頃がないため、背中が涼しくて着心地がよい。下衣は、着用するたびに下腹部で何重にも襞をとるため、この作業になれるのに時間はかかったが、このたっぷりとした襞のおかげで、汗をかいても肌に下衣がまとわりつくことがなかった。実際に着用して生活することで機能的な形態をしていることを感じられた。しかし、この格好は調査用具の携帯に不向きであった。

洋服で調査していたときは、ポケットにカメラや調査ノート、ペン、乾燥対策のリップクリームや目薬などを入れていた。調査開始時は、これらを小さな鞄に入れて持ち歩いていたが、子どもたちが興味を持って鞄のチャックを勝手にあけて中に手を入れる、撮影時に鞄の紐をひっぱるなどと

写真10　バンカさんの妻ラミさんとの記念写真。右が筆者でサルワール・カミーズを着用している。

いうことがあったため、すべてポケットに入れるようにして、子どもがポケットに手を入れたら叱るようにしていたのだ。ラバーリーの女性上衣には、左乳房の付け根部分に内ポケットがあり、女性たちはそのポケットに小銭や紙幣を入れていた。しかし、調査用具を入れるほど大きくなかった。

　一方、羊毛の被り布は、頭から身体をすっぽりと被るもので、日中は暑く感じることもあったが、昼寝の際に身体をすっぽりと覆ってどこでも寝ころべることや、夕方以降に気温が急に下がるこの地域では、就寝時の毛布代わりとして重宝した。ただし、被り布を頭にのせて生活をしていると、常に姿勢をたださなければならず、何日かすると首筋に張りを覚えるようになってきた。

　よくみてみると、ラバーリーの女性たちの歩き姿はとても姿勢がよい。この地域は、頭上運搬が一般的で、重い水瓶や日常の買い物袋も頭にのせて運ぶのであった。まるでファッションモデルが本を頭にのせてウォーキングの練習をしているかのような姿勢である。同じ姿勢を真似してみたが、小さいころから習慣になっていないと、やはり難しいものであった。

私が被り布を被って颯爽と歩く牧畜民の女性の姿に興味を惹かれたのも、彼女たちの姿勢の良さがあったからかもしれない。

結果、調査時の服装は、サルワール・カミーズとなった（写真10）。サルワールは腰回りのゆったりとしたズボンで、カミーズは膝下まである丈長のゆったりとしたブラウスである。結婚後にサリーを着る人びとの未婚時代に、あるいは部屋着として着用されるインドの女性衣装である。この衣装には、胸元を隠すドゥパッタと呼ばれる幅広の長いスカーフを組み合わせる。ラバーリー女性はこの衣装を着ることはないが、インド西部でもみかける衣装形態である。薄地でゆったりしている形態のため、洗濯後の乾燥も早く、膝下まである上衣は、排泄時にも便利であった。

ブジの街でこの衣装を購入し、調査用具を入れるためのポケットを村の縫製屋に頼んだ。ブラウスとズボンに深めのポケットをつけてもらうことで、調査用具をたっぷり入れることができ、子どもたちの手が奥まで届かないようにするための工夫でもあった。

刺繍技術を学ぶ

ラバーリーの女児は、物心がつく四～五歳から刺繍を習い始める。習うといっても、忙しい母親に遊んでもらえない子どもたちが、祖母にじゃれながら刺繍を見様見真似で習得してゆくのである。

老眼となり、若いころのように細かい刺繍が刺せなくなった祖母世代は、日本でぐし縫いと呼ばれ

写真11　長年にわたって着古した衣装を解き、それらの裂布を集めて、ぐし縫い技法によって敷布団が制作される。

る粗い運針技術で、敷布団をつくるようになる（写真11）。お祖母ちゃんは、まとわりつく孫に、自分には困難になった針穴へ縫い糸を通す作業を依頼する。役目を与えられた子どもたちは張り切って、糸通しをする。ここから刺繍技術の習得が始まる。そして、簡単な運針技術から、徐々に高度な刺繍技術を学んでゆく。

バンカさんの母親ナッティ・ダディも、私へ糸通しから指導を始めた。ナッティさんをなんと呼べばよいかと尋ねると、「ナッティ・ダディ」と呼ぶようにと言われた。「ダディ」とは、ラバーリー語でお祖母ちゃんを意味する。私は彼女を「ナッティ・ダディ」と呼び、彼女は私を孫のように扱った。その二年後に彼女が亡くなるまで、刺繍技術の教授が続いた。しかし、彼女から学んだものは刺繍技術だけではなかった。礼儀作法に厳しかったナッティ・ダディによって、ラバーリー女性としての正しい行動様式や礼儀作法もたたき込まれることとなった。

刺繍布に囲まれた生活

調査をすすめる上で幸運だったことがふたつある。ひとつは、村一番の刺繍上手のナッティ・ダディに刺繍技術を教えてもらったこと、もうひとつは、滞在先となったバンカさんの世帯が、生業を牧畜としていなかったことである。彼は村のはずれに畑を持っており、長男と農業を営んでいた。また同時に、彼は近隣の村人や仲介人から刺繍を購入し、販売する仕事もしていた。そのため、バンカさんの家の一室には、この地域でつくられた衣装や刺繍布が山積みとなっていた。

実はバンカさんは、右手の人差し指から小指までがない。若いころ、塩田工場で出稼ぎをしていた際、事故で指をなくしてしまったのだ。その後、彼は力仕事や牧畜に従事することができなかった。そこで、考えだしたのが刺繍販売であった。カッチ県には、インド国内外から観光客が訪れる。中心都市ブジの近くにあるブジョディ村は、観光ルートのひとつとなっているため、訪れる観光客も多い。それをねらって、直接刺繍布を売ることができるのだ。

調査を始めたころ、私は山積みの刺繍布を手当たりしだいに観察した。そして、バンカさんに「今日はもう疲れたから明日にしよう」と言われるまで、毎日毎日、刺繍布の名称やそれらをつくったコミュニティ、使用目的などを尋ねた。

この作業はのちに大いに役にたつこととなった。この地域の刺繍布は制作するコミュニティによって、縫い目や糸の運び方、色彩や文様などが少しずつ異なっている。調査をすすめてゆくなかで、刺繍布に関する疑問が生まれたときには、この部屋へ行けば、サンプルとなる刺繍布が山積みとなっているのである。書籍などの写真ではわかりくい縫い目や刺繍技術、縫製技術なども、実物を触りながら観察することができたのだ。

特徴ある鎖縫い

ラバーリーの刺繍技術は、刺し子のように線的に針を運んでゆく運針技法、鎖縫いや渡し縫いなどの糸量を操作しながら縫いすすめる縫い取り技法（写真12）、布地に鏡片やボタンなどの別素材を留める縫いつけ技法（写真13）、布地の上に別布を縫いつけるアップリケ技法に大別することができる（写真14）。彼らの刺繍布は、これらの技法の組み合わせによって構成されている。

私は小さいころから刺繍に親しんでいたため、基本的な刺繍技術は習得していた。そのような様子をみたナッティ・ダディは、鎖縫いを学ぶようにうながした。鎖縫いとは、針のすすむ方向に小さな輪をつくり、その輪の中から針をだし、順次、輪をつくっては針を縫い通す刺繍技法である。ラバーリーの刺繍布は、鎖縫い技法で、文様の大まかな輪郭を描き、その間の空間をさまざまな異なった手法の縫い取り技法で埋めてゆく。

鎖縫いは、世界各地でみられる技法であるが、できあがった糸目が鎖状のものや、梯子のような四角いものがある（図1）。また、一見すると鎖縫いとは思えないほど、針を刺しだした位置と刺し入れる位置とが離れ、線ではなく面を表現しているものもある。ラバーリーの鎖縫いは「ハンクリ」と呼ばれ、密度の高い梯子状の形態が特徴である（写真15）。女児が初めに覚える縫いとり技

写真12　鎖縫い技法や渡し縫い技法で描かれたマンゴーの木とつがいのオウム文様。

写真13　多種類の形をした鏡片によるミラー刺繍がラバーリーの刺繍技術の最大の特徴であるともいえる。

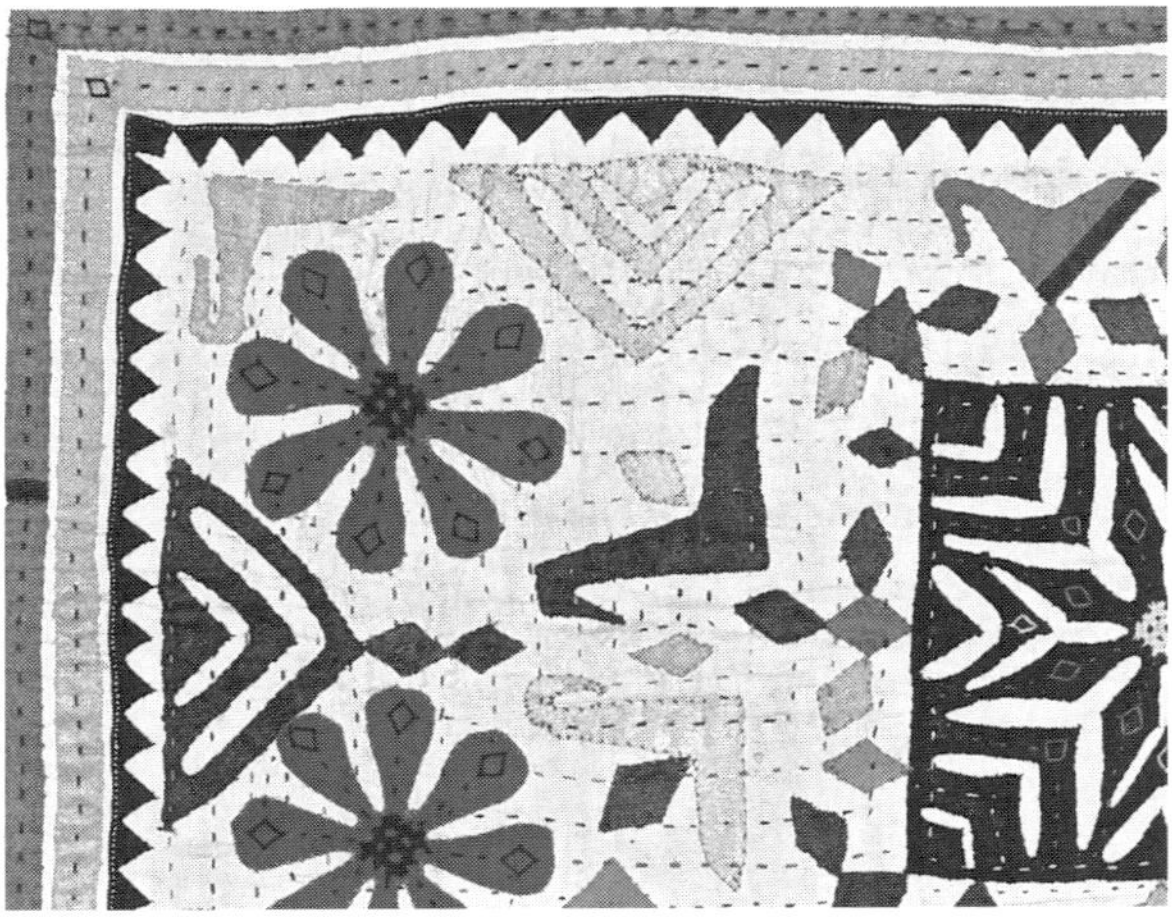

写真14　アップリケ技法によって制作された乳児用敷布団の一部。抽象化された鳥や花の文様が描かれている。

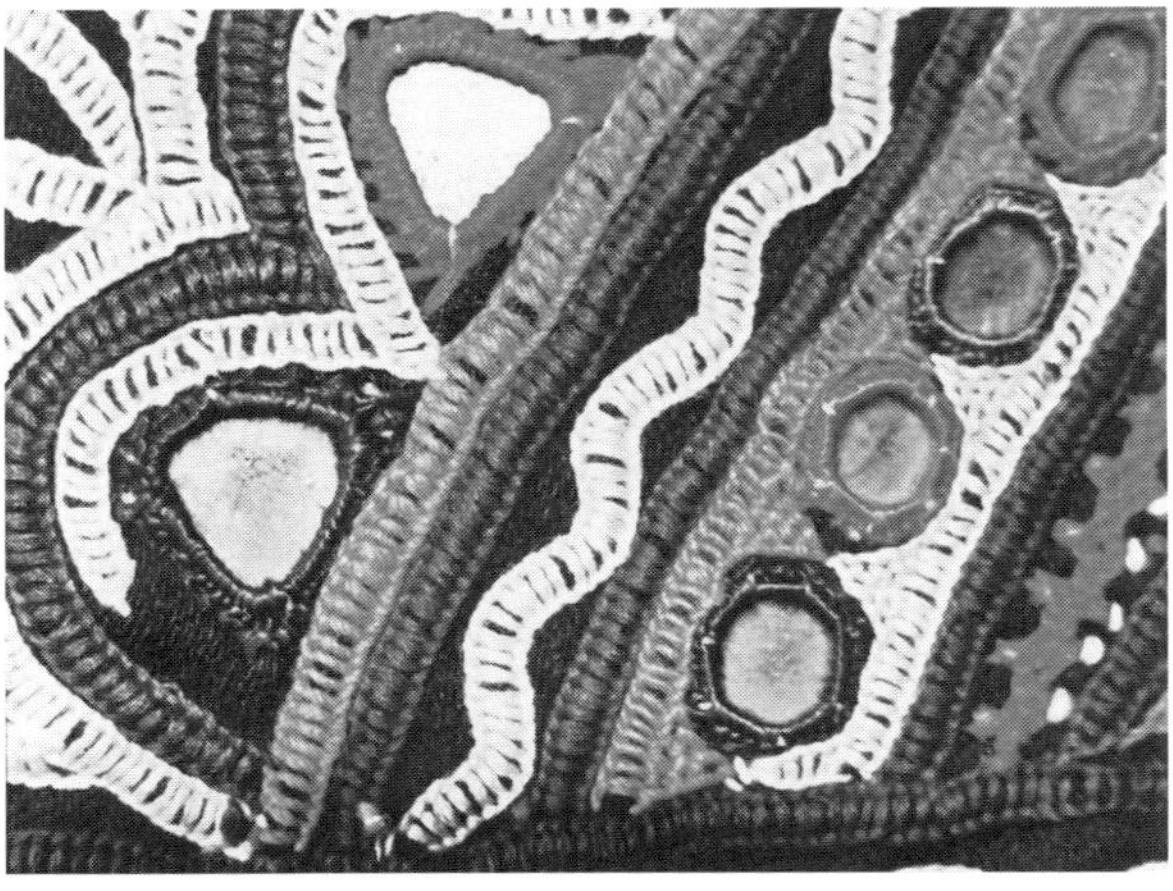

写真15　ラバーリーの梯子状の鎖縫い「ハンクリ」。縫い目と縫い目が重なり合うほどに密集した刺繡技術が特徴的。

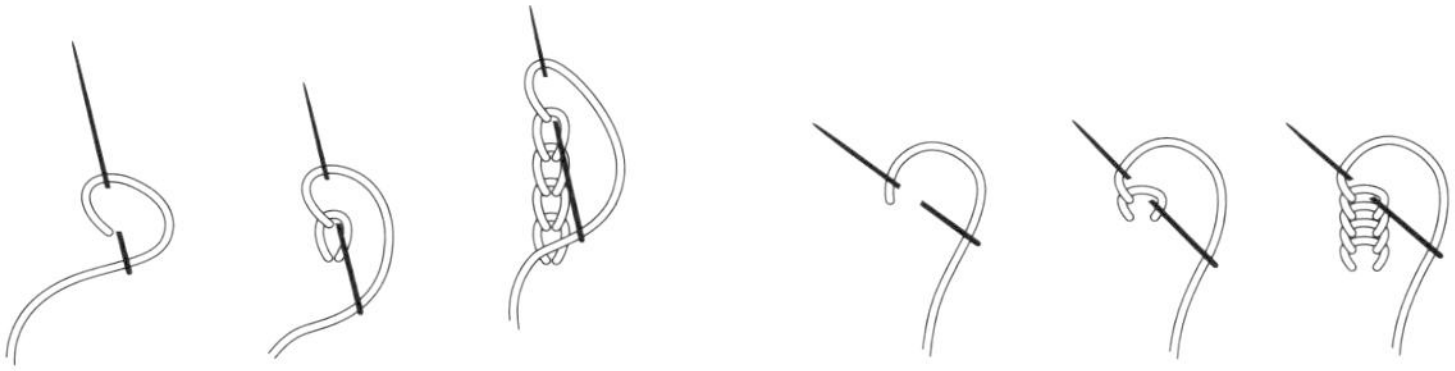

図1　鎖縫い技法。左は一般的な鎖状の縫い目、右はラバーリーが「ハンクリ」と呼ぶ梯子状の縫い目ができる鎖縫い。

法でもあり、糸目を同じ大きさ、幅にそろえ伸びやかに描けることが刺繍上手の必須条件といわれている。

それまで一般的な鎖縫い技法は簡単にできていたが、「ハンクリ」は針を刺す方向や抜き出す方向、刺繍糸の弛み具合などによって、出来上がる縫い目にばらつきがでてしまった。一定の大きさの梯子形にすることは予想以上に難しかった。そのため、数日間は「ハンクリ」のみを練習することとなった。

布を持つ手に注目する

ラバーリーの刺繍には、西欧で使用する布を張りとめる円形の刺繍枠をもちいない。布をピンと張った方が、刺繍は簡単である。ラバーリーの女性たちは刺繍枠を使用しない代わりに、膝の間に布を挟む、あるいは左手の指を巧みに動かし、布に張りをもたせる工夫をしていた。ナッティ・ダディの刺繍作業を観察してみると、針を持っている右手よりも、布を持っている左手の指がより多く動いていることに気がついた。

こういった動きを観察する際、私は何も持たずに、製作者の身体、手、指などの動きを真似する。そうすることで、どちらの手がどういった向きでどのように動くかを冷静にみることができるのだ。これは、学部時代、工芸学科にいたときに覚えた観察方法である。工芸は、その素材や道具を巧みに活用しなければ、最後の製品・作品が成り立たない。そのため、先生や先輩、同級生など上手な人の手さばきを観察して、それを自身の作業にとり入れることが日常となっていた。同じ糸や染料であっても、わずかな手さばきの違いで出来上がりが大きく変わってしまうのだ。微妙な手の動きや作業の勘どころ、タイミングは口で伝えて理解できるものではない。まさに「技術は目で盗め」である。ナッティ・ダディの両手の動かし方の真似をしてみると、徐々に針目が揃うようになってきた。

ガラスミラーを縫い留める

鎖縫いができるようになると、次にナッティ・ダディはミラー刺繍を教えてくれた。布地にミラーを縫いとめるミラー刺繍は、ラバーリーの刺繍技術の最大の特徴でもある。ミラー刺繍とは、現地では「アブラ（鏡）・バロット（刺繍）」、「テック（鏡片）・バロット」と呼ばれている。かつて宮廷内の刺繍職人は、貴石や雲母をもちいてこの刺繍をしていた。その後十七世紀のムガル王朝時代にガラスをつくる技術が発達したため、雲母の代用品として鏡片が使用されるようになり、現在では一般の人びとへも広く普及している。

ミラー刺繍は、インド西北部のラージャスターン州やパキスタン以西の中央アジアなどでもみられる。しかし、それらの多くは丸形の鏡片をもちいたものが多く、ラバーリーのように丸形、三角形、四角形、菱形、涙形、長方形など多種類の形態をした鏡片による刺繍布は少ない。

ラバーリーが使用するミラー刺繍用の鏡片は、グジャラート州のカッバドバンジュ町のガラス工場で製作されている。ここでは、吹きガラス技法をもちいて球状のガラスをつくり、その内部に溶かした錫を注ぎ込み、ガラスの内側に均一に錫をはりめぐらせて、鏡状にする（写真16－1）。その後、ガラスミラーは粗く割って出荷され（写真16－2）、町の刺繍用品店や村の日用雑貨店で販売される。女性たちは、このガラスミラーの破片を購入して、素焼きの瓦や石などにすりつけて、さまざまな形を生みだしてゆく（写真17）。

ブジョディ村では刺繍糸や針、布地、鏡片を購入することはできない。村の女性たちは、村から三キロメートル離れたマダプール町、あるいはブジの街へ買い物に行く。この当時、鏡片は一キログラム四十五～六十ルピーであった。女性が一日農作業を手伝って得る給金が五十～七十ルピーなので、鏡片は決して安いものではない。また、それは手作業でつくられるため、品質はまちまちである。村の女性たちと一緒に街の刺繍用品店へ行くと、彼女たちはできるかぎり薄くて錫が均一にはりめぐらされている鏡片を選んでいた。

「ジョコ、それはだめよ。ほら厚みがあるでしょ」

「これはひびがたくさんはいっているでしょ。形をつくる前に割れてしまうわ」

「今日は良い鏡片がない。買うのをやめましょう」

女性たちはいつも真剣だ。

写真16－1　直径約60センチメートルの球状のガラスの内部に溶かした錫を注ぎ込み、鏡状にする。この工場では、ミラー刺繍専用のガラスミラーを製作している。

写真16－2　出来上がったガラスミラーを割り、出荷用に選別する。吹き口から遠いものは薄いため刺繍に適している。吹き口から近くのものは厚みがあるため壁面装飾にもちいられる。

写真17　素焼きの瓦でガラスミラーの表面に筋をいれて、パキッと力を入れて折りながら割る。さらに瓦にこすりつけて、丸形や三角形などの形をつくり出してゆく。

私も同じような品質の鏡片を選び、ナッティ・ダディの家で鏡片の形づくりから練習した。予想外に、鏡片はわずかな力で割ることができた。ポイントは素焼き瓦の縁でいかにまっすぐ鏡片に筋を入れることができるかである。楽しくなり、ポキポキと鏡片を割っている私をみて、ナッティ・ダディは「鏡片はお金で買ってきたでしょ。これはお金と同じだから、目的もなくやたら割ることはやめなさい」と叱った。刺繍糸や布を無駄にしたときにも同様に叱られた。「すぐに手にはいると思うからこんな無駄使いをして」というのが、彼女の口癖であった。

わずかな糸量で

刺繍作業を習うなか、これまで私が幼い

ころから慣れ親しんできた刺繍技術ともっとも異なる点は、布の裏面にでる糸量が極端に少ないことがわかった。ラバーリーの刺繍技術は、限られた糸を無駄なく使用して、表面に多くの文様表現をするために発達した刺繍技術であり、それが彼らの刺繍技術の最大の特徴であることを実感した。

鏡片の縫いとめ方もそうである。図2に縫いとめ方を示した。鏡片の上を渡した糸で仮止めし、その後、ボタンホールステッチの要領で、渡した糸をかがりながら縫いとめてゆく。

また、ラバーリーの刺繍技術の特徴のひとつとして、「バワリヤ」と呼ばれる技法がある。これは、カッチ県の特徴的な刺繍技術でもあり、布を点ですくいながら、格子状に基本糸を渡し、その基本糸の間を別糸で交差しながら縫いすすめてゆく技法である（図3－1・3－2）。出来上がった形が、この地方にみられる棘を有する植物バーワル（マメ目ネムノキ科アカシア属）を連想させるため、現地では「バワリヤ」と呼ばれている。この技法も、裏面にはわずかな糸量しかでず、できるかぎり表面で文様表現をした最たる事例である。

毎朝ナッティ・ダディの家へ通い刺繍を習った。途中お昼ご飯を食べるために家に戻り、ふたたびナッティ・ダディの家で夕方まで刺繍をする。そんな日々が続いた。

①玉結びをして、ミラーの真上に針を出す。

②ミラーの上に正三角形を描くように右下の布を下から上の方向へすくう。

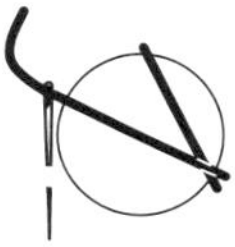

③左下の布を上から下の方向へすくう。この時、糸をしっかり引っ張る。

④真上の糸の下を通し、真上から針を布に刺し、真下から針を出す。この時にミラーが糸で固定されているか確認をする。

⑤逆正三角形ができるように左上の布を上から下の方向へすくう。

⑥右上の布を下から上の方向へすくう。

⑦真下の糸の下を通す。

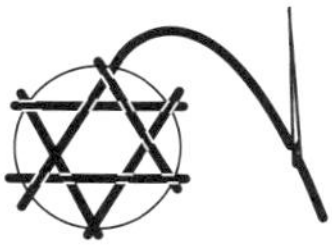

⑧天地を逆さまにする。

⑨下から上の方向に2本まとめてすくう。この時、針の先が向こう側の糸の上を通るようにすること。

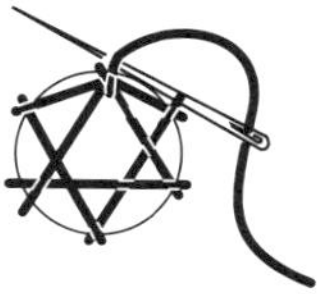

⑩真上の布を斜めに下から上の方向にすくう。

⑪下から上の方向に2本まとめてすくう。これを2回繰り返す。この時、針の先が向こう側の糸の上を通るようにすること。

⑫ミラーの円の形に沿って、布を斜めに下から上の方向にすくう。そして、⑪、⑫の手順を繰り返し、一周する。

図2　丸形のガラスミラーを縫い留める技法

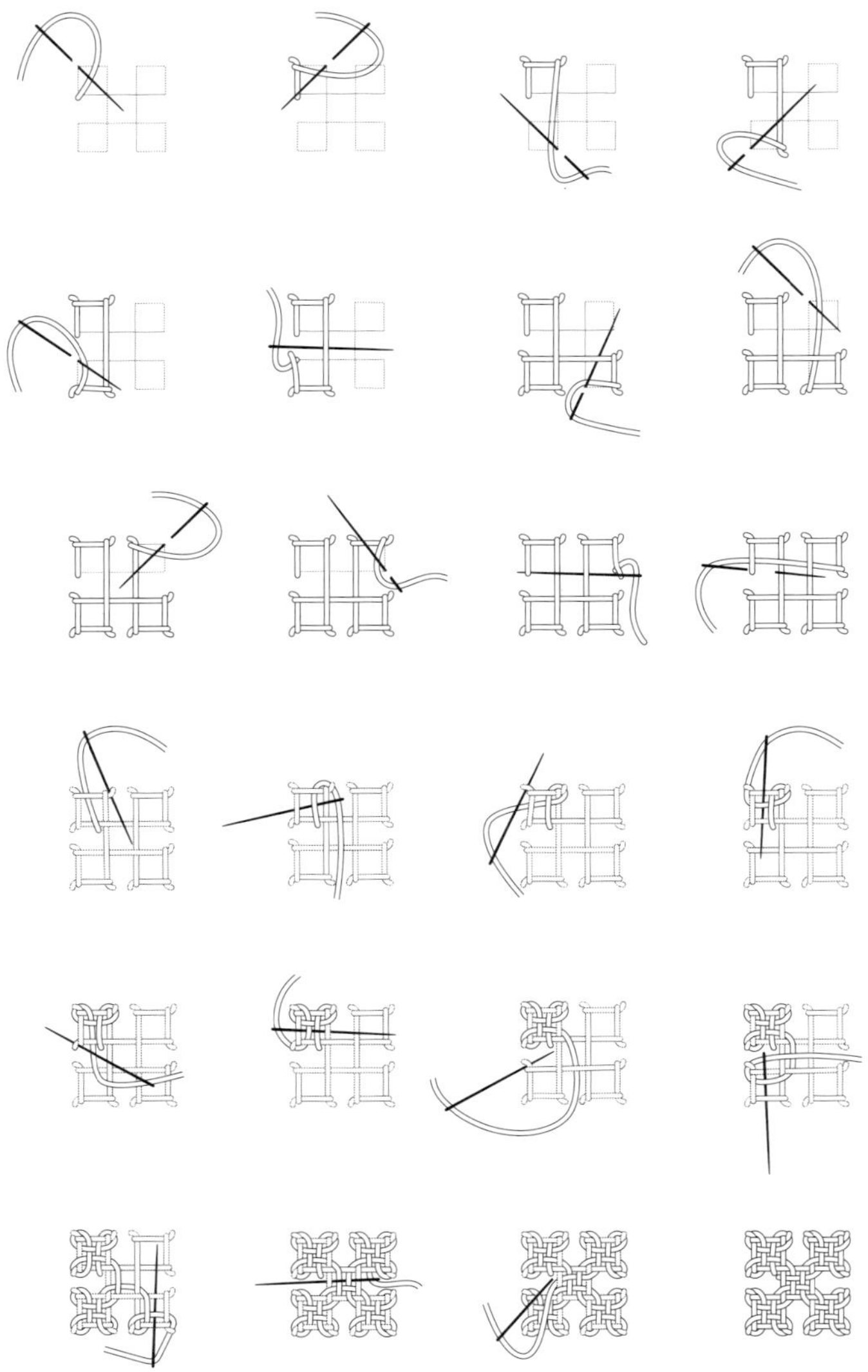

図3-1　チャールナックバワリヤの技法。「チャール」＝4、「ナック」＝入り口のバワリヤという意味。基本糸の渡し方を変化させることで、さまざまな形態にアレンジすることができる。

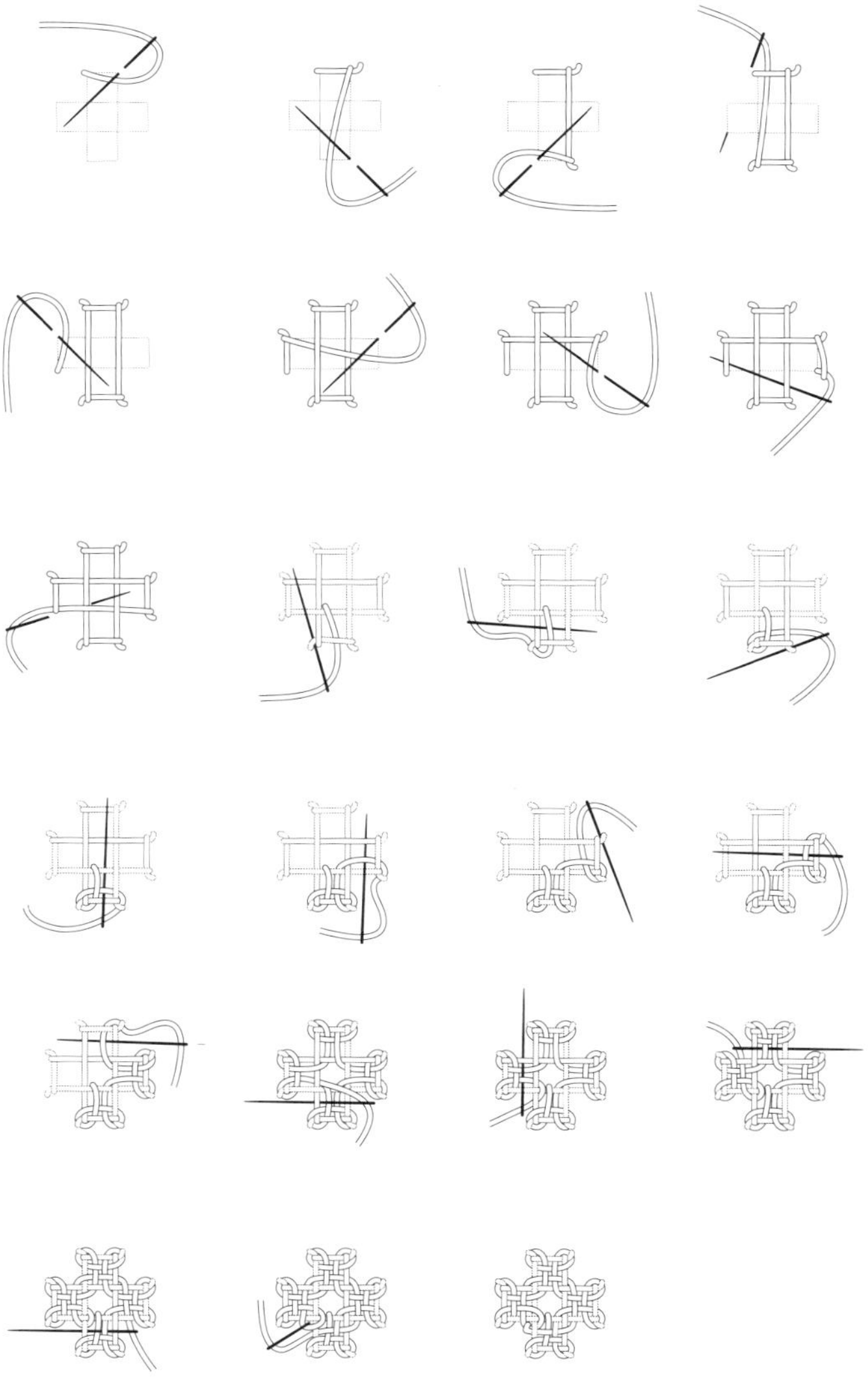

図３－２　バワリヤのバリエーション

メモはとらない

ラバーリーの言語は、インド北部のパンジャーブ州を中心に話されているパンジャーブ語とラージャスターン州中西部で話されているマールワーリー語、さらに居住地域のカッチ語やグジャラート語を混ぜた言語であるとされている。ラバーリー語には文字が存在せず、話し言葉による伝達が主体となっている。そのため、ラバーリーは、みずからの出自やラバーリー社会の伝承を歌で語り継いでいる。また、親族の名前なども歌に織り交ぜて数多く記憶している。

調査時に幾度となく驚かされたことは、彼らの記憶力である。学校教育を受けた一部のラバーリー以外は、文字を書くことができない。私たちが日常的におこなっているようなメモをとることはしないのだ。町に買い物へ行くときは、自分の家族だけではなく、隣近所からも頼まれごとをする。その際購入すべき多くの品名もすべて頭にたたきこむ。この記憶力は刺繡にも発揮されている。日本の刺繡技術をみてみたいという女性たちに、簡単な刺繡を刺してみせると、彼女たちは私の針の動きを目で追い、一度で覚えてしまうのである。

「今、目の前でやっていることをどうして記憶できないの」

刺繡技術を図と文章でメモをとる私の姿をみて、彼女たちに何度も尋ねられた。とくに糸の渡しが複雑な「バワリヤ」は、何度も何度も記録をしながらくりかえし練習しなければいけなかった。彼らの記憶力と集中力をうらやましく感じた。

①マーコディヨ
②ポパティヨ
③ターラチコ（星々）
④ビーチィー（サソリ）
⑤ダブルブティ（木々）
⑥ゴリゴト（花）
⑦ウントゥ（ラクダ）
⑧ゴーリーヨー（ゆりかご）
⑨モール（孔雀）
⑩サルマーン（恥じらう少女）
⑪サーイカラ（自転車）
⑫ミニー（猫）

図4　ラバーリーの刺繍文様

文様の性格

そのようなラバーリーの女性たちは、数多くの文様の名称や意味を覚えている。ラバーリーの刺繍文様は、花や草木、クジャク、オウム、サソリ、ラクダなど生活に密接した身近な自然や動物などを抽象化して表現している（図4）。女性たちは、小さいころから見慣れたこれらの文様を、下書きすることなく、記憶を頼りに、針と糸で布の上にのびのびと描いてゆく。

私は刺繍技術とともにナッティ・ダディから多くの文様の名前とモチーフ、意味を教わった。例えば写真12（41頁）をみてみよう。中央に描かれる文様の名前は、「ダブルブティ」で、モチーフはマンゴーの木だ。マンゴーの木がたわわな実をつけることから豊壌を意味する文様である。そして、「ダブルブティ」をはさんで向かい合っている文様の名前は、「ポパット」で、モチーフはつがいのオウム。愛を意味する文様である。

ラバーリー女性が生みだす極限までに抽象化された文様に私は惚れ込んでしまった。

私は目に入る文様を指さしては、ナッティ・ダディに名前とモチーフと意味を尋ねることをくりかえした。また、女性たちとおしゃべりをするときも、衣装にほどこされている文様の名前やモチーフが話題となった。数多くの文様に囲まれていた当時の私は、すべての文様のモチーフと意味を知りたいと躍起になっていた。そして、聞き取りをすすめてゆくなかで、文様の性格が大きく三つにわかれることが明らかになった。

ひとつは草花や身近な動物などを抽象化した伝統的に継承されてきたもので、それぞれの文様に意味を持っている。例えば、マンゴーの木をモチーフとした文様は豊壌を意味し、オウムをモチーフとした文様は愛を意味している。

ひとつは伝統的に継承されてきたが、文様の意味が不明瞭なもの。線状の「マーコディョ」や「ポパティョ」と呼ばれる文様は、尋ねる相手によって返事が異なっていた。ある女性は、ジグザグ文様である「マーコディョ」は、特定のモチーフや意味を持っていないという。別の女性は、蟻を「マクリ」と呼ぶことから、蟻が地面をジグザグ歩く様子がモチーフとなっているという。しかし、聞き取りをすすめると、多くの女性が、「マーコディョはマーコディョよ。モチーフや意味はなく、あくまで文様の名前。そしてマーコディィヨは鎖縫い技法のハンクリで描くこと」という。つまり、マーコディィヨは文様の呼び名であり、記号なのである。記号であるためいろはの「い」でも、ABCの「A」であってもよいわけだ。母から娘に刺繍を教える際に、この部分はマーコディィヨ、この部分はポパティィヨといったように、口頭で伝えるための呼び名なのである。また、マーコディィヨやポパティィヨを描く刺繍技術は、「ハンクリ」と呼ばれる鎖縫い（43頁図1参照）がもちいられ、文様形態と刺繍技術の両方を伝えていることとなる。

ラバーリー社会からみて他者である私は、これほど緻密に文様構成しているラバーリーの女性たちが継承してきた文様には、特定の草花や動物といった何かしらの題材があり、そこに意味が必ず含まれているのではないか。そこに意味があって欲しいと思いこんでいた。題材や意味のない文様というものがあることを初めて知ったのである。

新しくつくられる文様

そして三つめの文様の性格として、新たにつくられた文様がある。例えば自転車をモチーフとした「サーイカラ」や、ヒンドゥー教では忌み嫌われる猫をモチーフとした「ミニー」などがある。ラバーリーの女性たちは、伝統的な文様を継承してゆくと同時に、定住生活で新たに取り込んだものや、身近になった動物なども巧みに文様化してゆく。

彼女たちの文様創造過程で特に面白いのは、モチーフの抽象化の仕方である。例えば「ミニー」

であれば、猫のひげや尻尾、鋭い爪や小さな鼻などのイメージを幾何学的に文様化していることである。ラバーリー女性の豊かな造形力のあらわれともいえる（53頁図4⑫参照）。彼女たちの文様の創造プロセスについては第六章で紹介する。

ラバーリーの刺繍布はこのような三つの性格の文様によって構成されている。しかし、人生儀礼や宗教儀礼に登場する刺繍布には、新たに創造した文様が描かれることはない。あくまでも豊壌や愛などの意味を持つ、伝統的に継承されてきた文様がほどこされた布のみが使用される。それらの詳細については次章で紹介する。

第二章　刺繍を通して

トーランをつくる

「ジョコ（現地での私の呼び名）、上手にできるようになったね」

ナッティ・ダディからそんな言葉をもらえるようになったのは、一九九八年の八月ごろであった。このころになると、ブジョディ村のラバーリーの人びととは、おおむね顔見知りになっていた。

バンカさんの家は村の入り口近くに位置している。徐々に村の生活に慣れてきた私は、意識的に起床から朝食までの時間を、家の軒先で過ごすようにしていた。朝の搾乳を終えてミルクとともに放牧の宿営地から戻って来る男性、街の仕事へでかける男性、宿営地に向かう子どもたち、村のはずれにある青空トイレへ行き来する女性や子どもたち、そのような人びとと朝の挨拶を交わすことを日課としていた。

私は村の人びとにとってどのように映っているのだろうか。そんなことも気になり始めていたころであった。できるだけ多くの人びとに私自身を知ってもらいたくなり、あえて軒先で身支度前の姿で歯磨きをし、素の自分をみせながら村の人びとと接するようにしていた。

ラバーリーの刺繍技術の大半を習得したのは、一九九七年の七月から九月までの三ヶ月、一九九

写真18　筆者が調査地で作成した刺繍サンプル。ナッティ・ダディとの刺繍技術の教授は、このような布の端切れに文様を描きながら進めた。

八年の二月から三月の二ヶ月、そして三度目の調査となる一九九八年の八月ごろであった。通常、文化人類学者は長期の現地調査を実施するが、諸般の事情から二ヶ月から三ヶ月の短期滞在をくりかえすこととなった。

二度目の調査までは刺繍見本を（写真18）いくつも作成していたが、ラバーリーの刺繍技術をおおよそ学んだ三度目の調査では、何かかたちになるものをつくってみたくなっていた。ナッティ・ダディに相談するとトーランをつくってみてはどうかとの提案を受けた。

トーランとは家屋の戸口や壁に掛けられる飾り布で、カッチ地方ではラバーリーのみならず、各家でみることができる刺繍布である（写真19）。勧められたとおりに、ナッティ・ダディの助けを受けながらトーランを制作することにした。

装飾用と女神用

トーランには、装飾用として室内に掛けられるものと、女神寺院の戸口や内部に掛けられているものとがある。女神寺院と

写真19　ラバーリーの家屋の室内。戸口にはトーランが掛けられている。

は、ラバーリーが崇拝する女神が祀られている寺院のことである。私は以前から、室内装飾用と女神用のトーランに意匠の差があるのか興味を持っていた。「家に掛けられているトーランと女神寺院のトーランとは何が違うの？」と尋ねると、女性たちは「一緒よ、何も違わないわよ」と口を揃えて答えていた。

しかし、いままで通りに刺繍用の布地や糸を選んでいると、ナッティ・ダディは、「女神へのトーランは黒色をつかわないこと」、「女神が好きな色をつかうこと」、「パニィア（垂れ部分）は奇数にすること」など布地の色や形態についてて次から次へと、事細かく指定をしてきたのである。

これまで、村の女性たちは異国の女性が刺繍技術を習いに来ているという噂を聞き、たびたびナッティ・ダディの家へ作業をのぞきに来て

写真20　女神寺院に掛けられたトーラン。緑色とオレンジ色を主体とした布地をもちい、５つの「パニィア」で構成されている。

いた。彼女たちは、私の刺繍する姿をめずらしそうにながめ、縫い目や色づかい、文様の出来不出来について、口々に感想や意見を述べていた。ところが、トーランづくりを始めてからは、彼女たちの反応が一変した。みなが「そのトーランはどこに掛けるのか」、「パニィアはいくつにするのか」、「何色でつくるのか」と私に尋ねるようになったのである。

これには驚いた。それまで、幾度となく女性たちへトーランの意匠について尋ねても、いっこうにこれといった返答を得ることができなかったのだ。しかし、刺繍作業をしている私をみて、女性たちは色や形といった意匠について、口々に話始めたのだ。

それらをまとめてみると、女神用トーランにはいくつか意匠に関する規制があることがわかった。女神用トーランの布地部分は緑色やオレンジ色、赤色が好ましいという。また、トーランの下半分にあたる「パニィア」と呼ばれる垂れ部分の数は五が最もよいとされ、続いて七もよいとされている。これはラバーリーの社会では、偶数（ベケ）より奇数（エケ）を吉数とみなしているからである（写真20）。一方、室内装飾用のトーランは意匠に対する規制がなく、布地部分には黒色が使用されることが多く、垂れ部分の数も四から十二までさまざまである。

新しい布と古い布

「黒色の布地で女神用トーランをつくってはダメなの？」と、ナッティ・ダディに尋ねると、「女神は使い古した布を好まないのよ」と真剣な顔をして答えた。話をすすめると、どうやら黒い布地に対する規制は、女性の下衣と密接な関係を持っていることがわかった。

この地域において、布や糸というものは、現金で購入しなければならない貴重なものである。そのため、ラバーリーの衣装や刺繍布には、前述したようにわずかな布と糸を、最大限に活用する工夫がいくつもみてとれる。また、布は再利用を重ねてぼろぼろになっても、最終的にはかまどなどの火をつける役割をはたすまで、命をまっとうする。

ナッティ・ダディの家にも、端切れとなった布が山のようにためてあった（写真21）。彼女の口癖は「糸を大事にすること」、「布を大切にすること」であった。余分に糸を切ったり、布の端切れ

写真21　ラバーリーの家には、このような着古した衣装や端切れなどが山のようにためてある。これらを組み合わせてアップリケや、敷布団の中綿として使用する。さらに細かく裂いて房飾りにするなど、再利用をくりかえす。

を捨てようとすると、容赦なくナッティ・ダディに叱られた。

余分な衣装や布地というものは贅沢品であり、貴重なものである。そのため、ラバーリーが刺繍布を制作する際、改めて布地を購入するということはほとんどない。室内装飾用トーランの多くに黒い布地がもちいられている理由は、女性が着古した黒色の下衣を再利用しているからである。

前述したように女性用下衣は、お腹の部分に細かくたっぷり襞をとるためタテ約九十センチメートル、ヨコ約三六〇センチメートルの長方形の布の短辺を縫い合わせてスカート状にしている。着続けていると裾部分や臀部がほころんでくるため、女性たちは継ぎ当てをする。その後、さらにほころびがすすむと、破れていない部分が切り取られ、刺繍用の布地として再利用される。下衣は布量が多いため、刺繍用布地として重宝されている。つまり、黒色の布地は再利用された布地というイメージがあるため、使い古した布を好まない女神用の刺繍布にはもちいられないのである。

写真22　グジャラート州で売られているヒンドゥー神の図版。同じ姿の女神であっても、地域やコミュニティによって、別の名前で呼ばれることもある。

女神崇拝

「女神が好まない」とはどういう意味なのだろうか。

また、ラバーリーにとって女神とはどのような位置づけなのであろうか。

村で生活をしていると、「マータージー」や「マー」という言葉をよく耳にする。「マーター」とは女神を意味し、村人は尊敬の意味を込めた「マータージー」や、簡略して「マー」とも呼んでいる。

インド各地において、女神崇拝にはさまざまな様態をみることができ、ヒンドゥー教徒は、シヴァ神の妻パールヴァティー女神やラクシュミー女神をはじめ、さまざまな女神を崇拝している。特にグジャラート州では、動物の上に乗った女神への崇拝が特徴的である（写真22）。

マータージーはさまざまな姿で描かれる。虎に乗ったアンベー・マーターやライオンに乗ったドゥルガー・マーター、鶏に乗ったバフチャラー・マーター、山羊に乗ったメラディ・マーター、駱駝に乗ったモマーイー・マーターあるいはダシャ・マーター、鰐に乗ったコディアール・マーターなど、その姿は百以上あるとも言われている。

私の女神

「私の女神はモマーイーよ」
「僕の女神はバンクルだ」

女神の話を尋ねてゆくと、みな「私の女神」という言葉を口にする。

このときの「私」は、父系集団のことを指している。父系集団とは、子どもが父の社会集団に属すことで、ラバーリーでは「ハーク」と呼んでいる。つまり「ハーク」ごとに崇拝する女神が決まっているのだ。

このように父系集団ごとに決まった女神を崇拝していることは、グジャラート州のヒンドゥー教徒では珍しくない。自らの属する集団、村々によって決まった女神を崇拝していることもある。私が滞在していた家族は、「バードュカー」と呼ばれる父系集団で、ラクダに乗った「モマーイー・マーター」を崇拝していた。

調査中、ラバーリーの人びとと同様に、毎朝、水浴びをした後、女神寺院へいっていた。そのような私をみて、村の人びとは「ジョコ、ダルシャンに行くのかい?」と声をかけてきた。「ダルシャン」とは、ヒンドゥー教において、神と眼を合わすことを意味する。毎朝、女神と眼を合わせることが大事であり、治癒祈願や子宝祈願などもこの時に日常的におこなう。

女神へ捧げる布

女神用のトーランとは、自ら属する父系集団が崇拝する女神に捧げる刺繍布のことなのだ。そして、ナッティ・ダディは、私に女神用トーランの意匠を教えていたのである。村の女性たちは女神を崇拝していないであろう異国の女性が、奉納用の刺繍布をつくっているとの噂をききつけ、不思議に思い、その様子を一目みようと次々と訪ねて来たのであった。

インドの染織専門書では、その形態の特異さから、トーランについて数多くとりあげられてきた。そしてトーランは日常用と儀礼用に分類されてきた。日常生活で家屋の戸口に掛けられるものと、結婚儀礼をはじめとする人生儀礼の際に、家屋の戸口や壁面、屋外を装飾するものとの二種類である。

一方、女神用トーランを制作してみると、ラバーリーでは、日常用と儀礼用、さらに女神用の三

写真23　ラバーリーが崇拝するモマーイー・マーターの祭壇。寺院の中ではなく、司祭者の家屋にもうけられている。中央には、女神用のトーランが捧げられている。

種のトーランに分類されていることが明らかになった。そもそも既存の専門書や研究書において、女神用トーランの意匠に対する細かな規則については、報告されてこなかった。

　この違いはどういったことであろうか。観察をしてみると、室内装飾用のトーランは、各家の室内に掛けられているため、研究者や観光客の目にふれることも多く、望めばその入手も簡単である。同様に、結婚儀礼など人生儀礼時に装飾を目的として飾る儀礼用トーランも、室内や屋外で目にすることが多い。

　しかし、女神用トーランは、女神寺院の内部もしくは寺院戸口に掛けられており、他者が不用意に触れることができず、入手することも困難である。また、女神崇拝の司祭者の家の中に、女神の祠があることもあり、女神用トーランが室内に掲げられていることもある。このように装飾用なのか女神用なのか、ラバーリー社会外の他者が判別することが難しいトーランも存在しているのだ

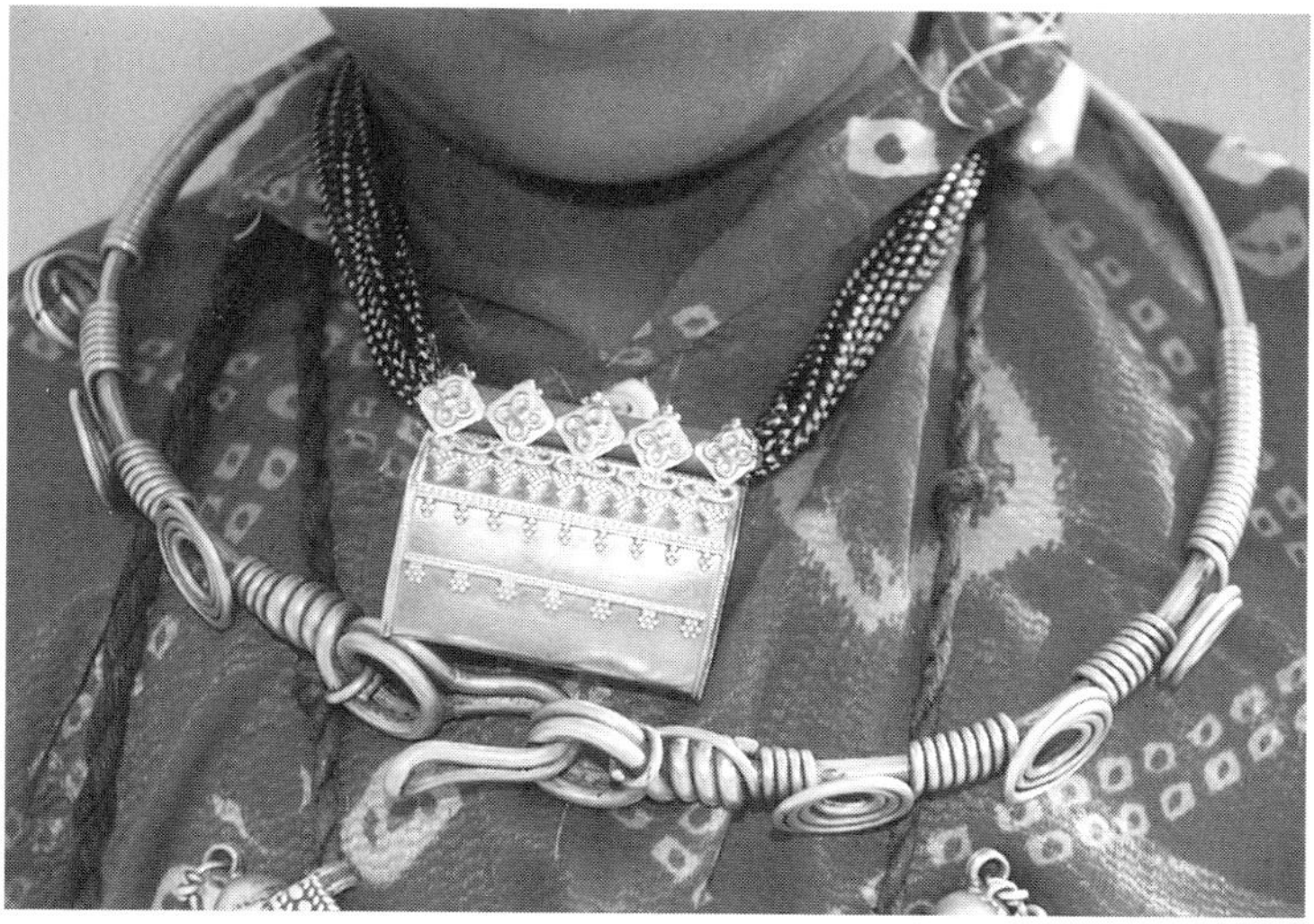

写真24　中央の四角形の首飾りがマーダリーユー。金銀細工の専門職人ソニに製作を依頼する。ラバーリー特有の文様がほどこされている。

（写真23）。

そのため、これまで研究対象となってきたものの多くは、儀礼用も含んだ室内装飾用であり、女神用トーランの制作に関する意匠規制について報告されてこなかったという背景がある。

養女になる

「はい、ジョコ。開けてみて！」

「ほら、早く!!」

女神用トーランが、半分ほど出来上がった一九九八年八月のある日のことであった。滞在先のバンカさんとラミさんが、にこにこしながら、小さな容器を渡してくれた。蓋をあけてみると、中には金製の首飾りマーダリーユーが入っていた。マーダリーユーは、ラバーリー社会で、婚約時に、男性が女性側へ贈る持参財のひとつである（写真24）。突然のことに驚きながらマーダリーユーを眺める私に、二人は「今日から私たちの娘だ」とにっこり笑いながら言った。

初めは意味がわからなかったが、

「ジョコ。これまでは日本から調査にやって来るお客さんだったんだよ」

「しかし今日からはラバーリーの娘だよ、いいかい？」とやさしく説明された。

人類学者が調査地の村で「養子」になることはよくある。民族誌では調査者が「養子」になるときの養子儀礼について描かれているものもある。期待をこめて、「これから何か儀礼がありますか？」と尋ねた。ところが、その期待ははずれた。ラバーリーに養子儀礼はないという。

よく考えてみれば、マーダリーユーは婚約相手から贈られるものであり、両親からもらうものではない。これは、バンカさんとラミさんがいろいろと考えた結果、私にマーダリーユーを贈ろうと決めたのであろう。すこし不思議な気もしたが、彼らの好意をありがたく受け、調査地ではマーダリーユーを着用することにした。

ともあれこれを機に、バンカさんとラミさんが私のことを自分の娘だと、さまざまな場面で公言するようになった。そしてそれ以降、バンカさんをラバーリー語で父親を意味する「アボ」、ラミさんを母親を意味する「アイ」と呼ぶようになり、彼らの家族や姻戚に対しても、すべて親族名称で呼ぶようになった。

最初は「アボ」と「アイ」と呼ぶのが照れくさかった。「アボー！」と遠くから呼ぶ私をみて、からかう村人もいた。きっと、アボとアイもさぞかし照れくさかったことであろう。

アボには二人の子どもがいた。当時、二十四歳の長男ペーターと、二十一歳の次男ワルジャングだ。私は長男と同い年であったが、二人の「妹」という家族関係に設定されたので、そのように振る舞い、二人を兄として扱った。家族の一員として内外に承認される機会となるような養子儀礼をおこなうことはなくとも、村の人びとも徐々に私のことを、家族や姻戚関係に則った親族名称で呼ぶようになっていったのである。

挨拶の作法

「ジョコにも接吻してあげるわよ」

そんな言葉とともに、「オバ」が、私の手をとって手の甲と掌に軽く接吻を二回ずつした。これはラバーリーの慣習で、久しく会っていない親戚との挨拶である。年長者の女性は、男女問わず年少者の両手の手の甲と掌に接吻をする。

「ジョコ、はい手をだして」と養女になってからは、しばらく村中の「オバ」や「アネ」たちに言われ続けた。久しく会わなかった時の挨拶のため、同じ女性からなんども接吻をされることはないが、年長女性にあたる村中の親戚から接吻されることとなった。

また、子どもたちも、「オバ」のやりとりをみて、すっと私に手をさしだし接吻を求めるようになった。最初は緊張しながらそっと接吻をしたが、「オバ」たちから「私たちも音をチュッ！

チュッ!とだしたでしょ、音を立てながら接吻しなさい」と指摘された。それからしばらくは、私の行く先々で「チュッ!チュッ!」と音がなる状態であった。この挨拶は親戚にしかおこなわない。ブジョディ村のラバーリーは四つの父系親族にわかれていたため、この挨拶をするか否かで親戚関係もあきらかとなった。

「接吻をされる・する」という行為が、まるで養女になった通過儀礼のようであった。一ヶ月後にみることとなる命名儀礼で、名付けられた幼児が村の親戚女性から手の甲と掌に接吻されていた。「ラバーリーの一員になった証よ」と女性たちが言っていたが、まさにそのときと同じ経験をしたのだ。

また、男性に対して年下の女性は、少し腰をかがめて頭をさしだす。すると男性は、五秒ほど右手を女性の頭頂部にやさしく置く。「オバ」たちの接吻同様、養女となった私をみかけた年長男性は、私の頭にやさしく包み込むように手を置くのであった。

一方、男性同士の挨拶は、お互いの右手を相手の左肩に置き、左手は自分の左肩に置いて「ラーム・ラーム」と言う。そして次にお互いの右手を自分の右肩に置いて、左手を相手の右肩に置き、ふたたび「ラーム・ラーム」と言って挨拶を交す。

不思議な感覚であった。「接吻をされる」、「接吻をする」、「頭に手を置かれる」をくりかえすことによって、相手との距離が縮まり、養女になったと徐々に実感するようになったのだ。

一番近くて一番遠い

ところが養女になることで、抑制されることもあった。

「え!?　あいつらのところに行くのか？　だったら、もう戻って来なくていいぞ」、「家には入れないからな」。どうしよう、まさかそんなことを言われるとは思っていなかった。

それ以来、ブジョディ村のワンカル居住区は世界で一番近くて、一番遠い場所となった。

調査村のブジョディ村には調査対象のラバーリー以外に、製織を生業とするワンカル、ヒンドゥー教の祭祀を司るバワジー、そして理髪業を営むハジャムが居住している。村の中心を南北に通る道路を境に、東側にワンカルの居住区、西側にラバーリーの居住区が位置している。バワジーとハジャムはそれぞれ一家族だけで村の入り口近くに住んでいる。

道路を歩くとワンカルの家屋から「トントン、カッカッ」と織り音が聞こえる。ブジョディ村は織りの産地としても有名で、県庁所在地ブジから近く、ワンカルの機織りとラバーリーの刺繍や壁面装飾が同時にみることができるため、カッチ県の観光ルートに入っている。

大学時代に織りをしていたため、ワンカルの織り作業についてもいずれ調査したいと考えていた。調査村に織りの産地があることを幸運だとも思っていた。しかし現実は違った。

「わかった、じゃあ行っていいぞ。でも、絶対に水やお茶は飲むなよ。もちろん食事はだめだ！本当にわかったか？　本当だぞ！」

いつもの温厚な顔から笑顔は消え、真剣な顔でアイとアボが私に何度も何度もくりかえした。そして、二人は親戚の男の子を呼び、「いいか、ちゃんとジョコをみているんだぞ。そして、一緒に帰って来るんだぞ」と言い聞かせた。うなずく男の子の手には、長い竹の棒が握られていた。いざとなったらこの棒で戦うのだといわんばかりの出で立ちである。

何度かこのようにして、ワンカルの織り作業について調査をすすめたが、毎回でかける時にこのような注意をくどくどと言われることに、ほとほと疲れてしまった。その上、ワンカルの居住区へでかけた日は、一日中、家族の機嫌が悪かった。

また、織り作業の調査中、ワンカルの人たちに水やお茶をすすめられるのだが、それを断り続けることにも、気疲れしてしまった。そして、ついにはワンカルの織り調査を断念したのであった。

ワンカルの社会的地位

これには、ラバーリーとワンカルとの社会的地位が関係している。ワンカルは、インド西部において、かつてはアウト・カースト（不可触民カースト）に位置づけられていた。つまり、他のカーストからは忌避の対象となっていたのだ。現在、インド憲法においてカースト差別はなくなったが、実際の生活ではその観念が今も根深く残っている。井戸や寺院は居住区ごとにあり、ラバーリーとワンカルは日常生活においてほとんど接触がない。

ナッティ・ダディの家で刺繍をしていると、一度ワンカルの女性たちが、作業をのぞきに来たことがあった。彼女たちは戸口から私に話しかけたり、刺繍布をみせてとからかってきた。ナッティ・ダディの表情は明らかに険しく口を閉ざしたままで、彼女たちをみようともしない。そして、彼女たちが立ち去るとおもむろに立ち上がり、グラスに水を入れ、戸口に向かって「バシャッ！」と強く水を投げかけた。そして、「ワンカルの家には一人で行ってはいけないよ」と強く念を押すのであった。

ヒンドゥー教義の「穢れ」の観念から、上位カーストの者は、下位カーストの者から水や食べ物を受け取って飲食することができない。これをすると下位カーストの者の穢れが伝わると考えているためである。そのため、ラバーリーの人びとは、私がワンカルの家で飲食をしてしまわないか気が気でなかったのであった。

ラバーリーの社会的地位

では、ラバーリーの社会的地位はどこに位置するのであろうか。

ラバーリーの人びとに、インドでの社会的地位を尋ねると、みな口を揃えて「私たちは、クシャトリアに属している」と言う。クシャトリアとは、バラモン（祭官）、クシャトリア（武士・貴族）、ヴァイシャ（商人・庶民）、シュードラ（隷民）のカースト（ヴァルナ）区分のうち、上から二番目にあたる階級である。このクシャトリアに属する理由を質問すると古代ヒンドゥー教義の物語を引用して、古代クシャトリアの末裔として知られるラージプートとの関係性を述べるのであった。

一方、カッチ県のラバーリー以外の人たちに、ラバーリーの社会的身分を尋ねると、「彼らは、アウト・カーストで、ラクダ、ヒツジ、ヤギを飼育する牧畜民だ」、あるいは、「彼らはB．C．（後進諸階級 Backward classes の略語）と呼ばれる階級に属している」などの答えが多かった。また、インド政府によるとラバーリーは「後進諸階級」となっている。

後進諸階級とは、インド社会の行政用語である。インド憲法では、国家が教育や雇用などで優遇措置を講じる対象として「社会的・教育的後進諸階級」という表現がもちいられている。しかし、この用語には後進性の中身の基準をどこに合わせるかといった問題や、集団の定義をジャーティ（出自・生まれ）、経済的階層、宗教、性、出身地などの要素の中でどのように分類して定義づけるかといったさまざまな問題がある。実際には流民、路上生活者、最下層の農民なども含めてヒンドゥー教の枠外にある人たちが多い。

調査を始めたころ、ラバーリー以外の人びとが、「ラバーリーの家に住んでいて大丈夫か」、「食事は一緒にしているのか」、「ものを盗まれたり、暴力をふるわれていないか」などと聞いてきたのは、ラバーリーよりも上位カーストにあたる人びとだったのだ。時には真剣な顔をして「ホテルから通いなさい、彼らと飲食をともにしてはいけないわ」と言われることもあった。これは、私がワンカルの居住区へ行くときにラバーリーの家族から注意されることとまったく同じで、カーストの観念が実際の生活では根深く残っていることを実感したのであった。

肉の匂いがする

このような理由からインド人の研究者は、村落に泊まり込んでのフィールドワークをおこなうことが難しい場合もある。私は外国人で特定のカーストに属するわけではないので、彼らの家に泊まり込み、飲食をともにすることができるのである。

一方、養女になってからは、食事に対しても規制がかかった。ラバーリーは菜食主義、つまりベジタリアンで肉や魚、卵も一切食べない。

ある日、こんなことがあった。以前、日本にはお湯で温めるだけで食べることのできるレトルトカレーがあると話をした。「ぜひ日本から持って来て欲しい」、「どんな味なんだ」と家族から言われ、数袋を持参した。まるで何かの儀礼のように、家族全員が見守るなか、私は温まったレトルトカレーの封を開けた。

「肉の匂いがする」、「なんだこれは」と、全員がその場を離れた。私はみながベジタリアンだと知っていたので、野菜カレーを持って行ったのだが、牛肉エキスが入っていた。「しまった！」と思ったのがあとの祭りで、その日以来、台所で調理することを禁じられた。

養女になったとき、「ジョコも肉や魚、卵は食べてはいけないよ」と言われていた。

しかしある日、無性に肉料理が食べたくなったことがあった。少し迷ったが、何かしらの理由をつけてブジの街へでかけ、レストランへ立ち寄って、こっそり肉料理を食べたことがあった。しかし、家に帰ると、アイから「ジョコ。今日、レストランへ行ったでしょ」、「お肉食べたでしょ」と問いつめられたのだ。きっと肉の匂いがすると思って、キシリトール系のガムまで買って対策を講じたのに、これには驚いた。

この一件があってから、調査地ではベジタリアンとして生活をするようになった。また、調査地へ入る一週間くらい前からはできるだけ肉や魚を食べないように心がけた。すると次第に気がついたのだが、観光客などが来ると、口臭ではなく、体臭からベジタリアンかそうでないかが判るようになったのだ。ベジタリアンとして生活をしていると、身体から発する肉や魚の匂いを感じ取るようになるのである。

調査者は、調査先の食べ物が自分の好みと合うかどうかで、日常生活の過ごしやすさが異なる。実は私は偏食で辛い物や香草などが苦手である。日本でもインド料理屋やエスニック料理屋へはめったに行かない。そんな私がインドでフィールドワークできたのは、ラバーリーの食事がミルクとマニ（無発酵の薄いパン）を中心とした質素なものであることと、アボが私同様、偏食で辛い物が苦手であったため、野菜炒めなどは辛くないものが用意されていたからであった。

ワルジャングが結婚する

このように養女になってから制約されることが多くなり、多少のストレスも感じていた。しかし、調査をすすめるにあたっては、養女になったことでの恩恵を受けることが圧倒的に多かった。

それは、家族の一員として村の内外の人生儀礼に立ち会う機会がぐっと増えたからであった。刺繍布や衣装が儀礼時にどのように扱われるのかといった点に興味を持っていた私は、さまざまな人生儀礼にラバーリーの一員として参加できるようになったことで、より深く彼らの社会を調査することができるようになっていった。

「ジョコ、いいときに来たね。ワルジャングの結婚儀礼に立ち会えるよ」

アイが満面の笑みで言った。

一九九八年、三度目となる調査で、初めてラバーリーの結婚儀礼に参列する機会を得た。同年八月、アイとアボの次男、つまり私の「兄」のワルジャングが、結婚をすることになったのである。相手はブジョディ村から約七十キロメートル離れたデッパル村のバッチ・ヒラ・ラバーリー・カラムターだ。ワルジャングは二十一歳、バッチは二十歳だったが、二人は幼少のころに婚約をしていた。

ラバーリー社会では、一九七〇年ごろまで幼児婚の慣習があった。調査中に村人に婚約したのは何歳ごろか尋ねると、年配の女性のなかには、「ゴーリーヨーハグパン」と答える人がいる。「ゴーリーヨー（ゆりかご）」にいるときの「ハグパン（婚約）」という意味で物心つく前に婚約したというのだ。

「当人は知らない間に婚約が成立しているの？」と不思議そうに私が聞くと、「そうよ、でも両親が決めたのだから、それでいいのよ」とみなケラケラと笑って答えるのだ。

このようにラバーリーの婚約には、当人の意志は反映されない。両親が条件のよい相手を探すのだ。まず、母親の姉妹の嫁いだ村に適した相手がいないかどうかを探り、その村に該当者がいない場合には、父親の兄弟の妻たちの姉妹が嫁いだ村から探しだすことが多い。

これは、ラバーリー社会が結婚相手を自分たちとは異なる父系集団に求める、いわゆる父系外婚集団であると同時に、結婚相手は居住村とは異なる村のものとの条件があるからだ。ラバーリー社会では、父系集団が同じだと、他村に居住していても兄弟姉妹であると考えられている。そのため婚姻関係を築くことは忌避されている。

一三三の父系集団

ラバーリーは父系集団のことを「ハーク」と呼ぶ。その集団数は「ビース（二十）＋ホウ（百）＋テル（十三）」を意味する「ヴィホテル」、つまり一三三ハークあると伝承されている。

調査中「知っているハークを全てあげてください」と村の長老格や物知りとして知られる人に出会う度に、ハーク名を尋ね続けた。結果、すべてを記憶している者は存在せず、私が確認できたのはわずか三十三ハークであった。

調査の拠点としたブジョディ村は、バードゥカー、カタナー、カーンバラー、カラムターの四つの父系集団によって構成されていた。アボのハークは、バードゥカーのため、娘となった私はバードゥキー（女性は語尾がキーと変化する）となった。つまり私の結婚相手の条件は、居住村であるブジョディ村以外かつ、同じ父系集団のバードゥカー以外の男性でなくてはならないということである。

幼児婚の利点

どうして幼児期に婚約するのだろう。だれもが抱く疑問かもしれない。

幼児期に婚約をすることは、姻戚関係を早い段階で広げるという利点がある。このようなラバーリーのネットワークづくりは、調査をすすめる上でもおおいに役だった。

「ラーム、ラーム、私の名前はジョコです。ブジョディ村のバンカ・カナ・ラバーリー・バードュカーの娘です」。ラバーリーの他村を訪れたときは、この挨拶から始まる。見知らぬラバーリー同士が出会ったときの挨拶だ。「ラーム」とは、インドの叙事詩『ラーマーヤーナ』の主人公ラーマ王子の名である。ついで、個人名、村名、父親名、父系集団名、というように名乗りをあげてゆく。これに対して、相手も同様の項目をこたえる。自分と相手との関係を確かめるためだ。

このような挨拶から始めると、驚いたことに、必ずといってよいほど、姻戚関係者に出会うことができる。

「何？　ブジョディ村だって、バンカの娘だって。そうか、君のおばあちゃんの弟の妻の妹が、私の叔父の妻なんだよ。まぁ、家でご飯でもたべてゆっくりしてゆきなさい」といった具合だ。あまりにも遠い姻戚関係のため、頭の中で描く系図は大混乱だ。ラバーリー語は文字を持たない言語のため、姻戚関係は歌にして覚えていることが多い。日常生活でも、夕食後はみなで歌を歌うことが多いが、よく個人名がでてくる。

居住村から離れて移牧生活をするラバーリーにとって、行く先々で頼れる姻戚関係者がいることは、生活を維持してゆくために重要である。さらには、困ったときに頼るセーフティネットにもなっている。幼児婚には、早い段階から親族ネットワークを構築する役割があるのだ。

ゴックル・アータムと合同結婚式

一九七〇年代までは、幼児期に婚約をとりきめ、数年以内に結婚儀礼をしていた。調査を始めた一九九〇年代には、七歳くらいまでに婚約を調え、十七〜二十歳ごろに結婚する慣習へと変化していた。次男ワルジャングも、幼児期に婚約はしたがすぐには結婚せず、二十一歳になってから結婚儀礼をおこなうこととなった。

一九九八年の「ゴックル・アータム」は八月十四日にあたり、この日から三日間結婚儀礼が執りおこなわれた。「ゴックル・アータム」とは、ヒンドゥー教のクリシュナ神の誕生祭「クリシュナ・ジャナム・アシュタミー」のことである。祭礼日は、ヒンドゥー暦のサラーバン月の黒半月（満月から新月までの十五日）の第八日目にあたる。

「ラバーリーが多く住むミンディヤラ村では、今年一五〇組ほどのカップルが合同で式をあげるよ」とアボが教えてくれた。

ラバーリーの結婚儀礼の特徴は、複数のカップルが合同で式をあげる形態をとっていることだ。

前述したように、カッチ県は年間降雨量四百ミリ以下の乾燥した土地のため、ラバーリーの人びとは、家畜に草を与えるために一年の大半を移動しながら生活をしている。サラーバン月は西洋暦で七月から八月にあたり、カッチ県での雨期の始まりの月となる。雨期になると、居住村の近くでも草が生え、放牧が可能となるため、この時期に移牧をしていた人びとが年に一度、居住村へ家畜とともに戻って来る。そして、家族や親族が集まりやすいこの時期に人生儀礼が集中しておこなわれるのである。

インドでは、このような集団結婚式は、けっして珍しいことではない。古くからヒンドゥーやムスリムの人びとのあいだでおこなわれてきた。これはインドの結婚式に莫大な費用がかかることが一因と考えられる。たとえば、新婦が身に着ける装身具、花婿行列のための車やトラックなどの車両代、婚礼日におこなわれる余興や歌の踊りの費用、招待客への歓待としての食事や嗜好品など、挙げるときりがない。集団結婚式の利点は、同じ日に婚礼をおこなうことによって、これら経費を大幅に削減できることである。

また、経費削減以外にも、気心のしれた幼なじみと同日に結婚式をすることで、これから他村へ嫁ぐ花嫁の心細さを和らげることがあげられる。

しかし、長年にわたっておこなわれてきた合同結婚式も、ラバーリーの生活が移牧から定住に移り変わるにつれ、激減している。移牧をしない集落では、年に五、六回結婚儀礼をおこなうこともある。この場合の日取りの決め方は、多くのヒンドゥー教徒と同様に花婿と花嫁の星座を確認し、占星術師が天体位置暦をみながら決めている。

身動きがとれない

「妹だから、ワルジャングのそばにずっといてもいいよね? 写真を撮ってもいいかな」初めての結婚儀礼に、私は少し舞い上がっていた。これまでにも、調査中にブジョディ村で結婚儀礼が執りおこなわれたこともあった。しかし、私とは異なる父系集団によるものであったため、写真を撮ることを禁じられ、花婿や花嫁について行こうとしたら、「この部屋に入ってはいけない」、「ここからはみてはいけない」などと言われ、悔しい思いをしてきた。

結婚儀礼は三日間続くという。「よし! 三日くらいなら徹夜してでもいいから、花婿にはりついて全てをみてやろう!」と、息巻いていた。

しかし結果は、調査どころではなかった。花嫁のデッパル村は、初めて訪れる村であり、花嫁の両親や親戚と会うのも初めてであった。幹線道路から外れているデッパル村では、初めて外国人をみる子どもたちも多く、結婚儀礼に花婿の妹となった外国人がやって来たと、村中の人びとが私をとりまき、身動きがとれない状態となってしまった。大勢の人の中で、ワルジャングとはぐれないようについてゆくだけで精一杯だった。

とはいうものの、直に結婚儀礼をみることができ、大まかな流れを知ることができたのは大きな収穫であった。また、撮れるものは写真に撮り、儀礼後にそれらをもとに聞き取りをすすめることもできた。

ラバーリーの婚資

ラバーリーの結婚後の居住形態は、夫婦が夫の家族と同居、もしくは夫の村に新居を構える父方居住である。ラバーリーの結婚儀礼は三つの儀礼によって構成されている。まず花婿の村での儀礼、次に花嫁の村での儀礼、そして最後に花婿の村に花嫁を迎え入れる儀礼である。これらの儀礼で重要なこととして、取妻者から与妻者へ贈られる財としての婚資と、婚出する女性の生家側から、女性本人もしくは婚家側へ贈られる財である持参財のやりとりがあげられる。

ラバーリーの婚資は、「ビティーロデジ」と呼ばれる。伝統的な婚資としては、金製の耳たぶ飾り（ナーガラー）と金製の耳飾り（クティー）、羊毛の被り布（ホワガディ ルディ）二枚、羊毛の下衣（パチェディ）二枚、刺繍がほどこされた上衣（バラット ワリ）一枚、マッシュルーと呼ばれる、この地方の特徴ある繻子地タテ絣布による上衣（ハバツー ワリ）四枚である。

耳たぶ飾りは、ラバーリー社会において既婚女性の証となるため、婚資の中でも重要な位置を占めている（写真25）。女性は結婚儀礼で耳たぶ飾りを着用するために、幼いころに耳たぶに孔をあける（写真26）。そして、結婚儀礼の際に初めてナーガラーを耳たぶに着ける。その重さは、伝統的に両耳合わせて一三〇グラム、耳の上部につける耳飾り（クティー）二十グラムと合わせて合計

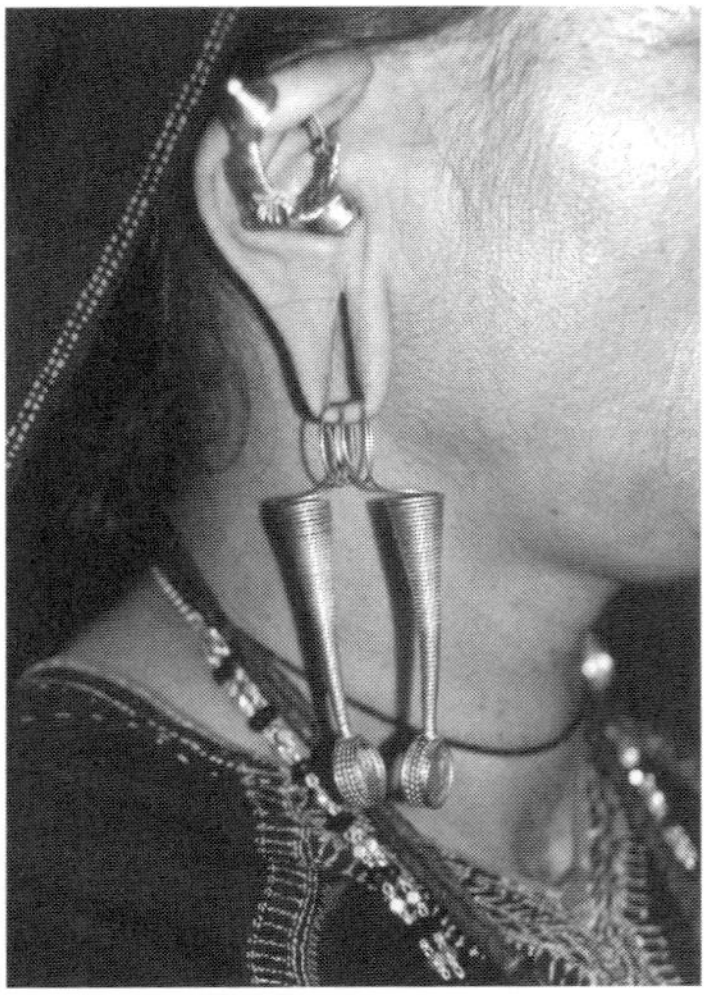

写真25　既婚女性の耳。65グラムある耳たぶ飾りをつけているため、耳たぶが垂れ下がっている。耳の上部にはクティーと呼ばれる耳飾りがつけられている。

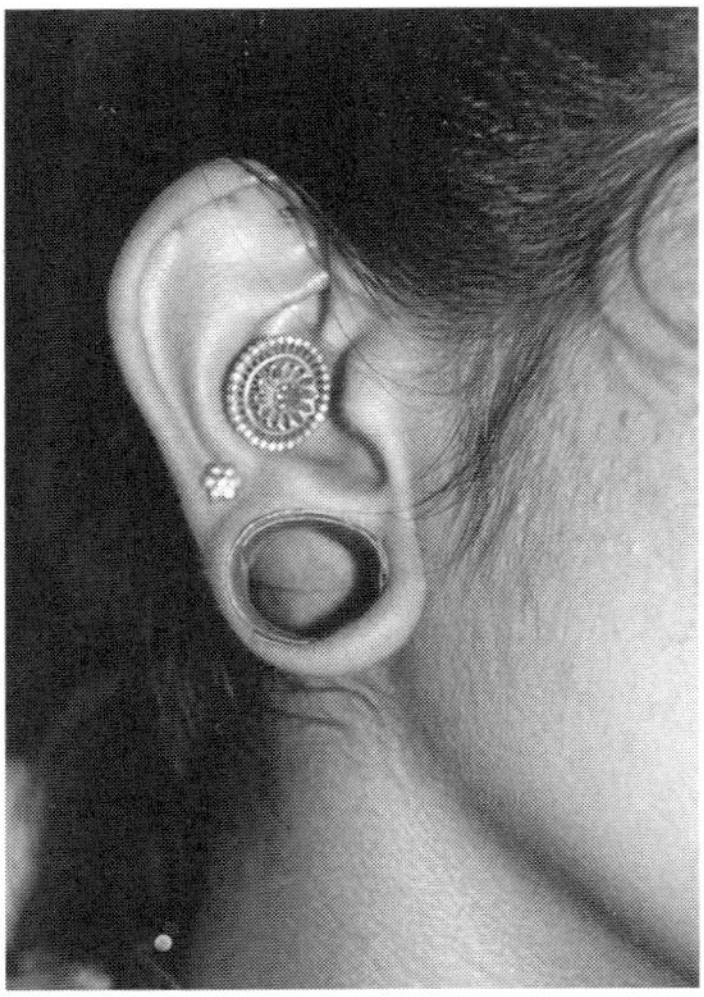

写真26　未婚女性の耳。最初は数ミリメートルの真鍮棒を通し、徐々に棒を太くしてゆく。1センチメートル弱になると、板状の金属を螺旋状に丸めたものを孔に入れ、さらに少しずつ孔を大きくしてゆく。

一五〇グラムとなる。一グラム四千円としても、六十万円ちかくになる。村落のラバーリー男性の月収は、おおよそ五〇〇〇ルピー＝八五〇〇円（一ルピーは一・七円程度）なので、大金である。

　ラバーリー社会の慣習では、夫が亡くなり寡婦になると、これをはずさなければならない。ナッティ・ダディも寡婦であるため、耳たぶ飾りはしていない。聞けば、夫が亡くなった後、町の金銀細工屋で、換金したという。婚資として贈られる金製の装身具は、稼ぎ手の夫がいなくなった女性の生活保障としての機能を持っているのだ。

写真27　持参財ジョリーヨ。婚家でお披露目され、婚家の女性たちによって吟味される。

「そんなに高価だと、ひったくりに遭うのではないか」と心配する私をみて、アイはニヤッと笑って箪笥の中から金メッキでつくられた、とても軽い耳たぶ飾りをみせてくれた。「都会へ行くときは、これにつけかえて行くのよ」とアイは得意げに答えた。

ラバーリーの持参財

ラバーリーの持参財は二種類ある。ひとつは花嫁側から婚家側へ贈られる持参財で、「ジョリーヨ」と呼ばれる。これには、敷布団（ダドキー）や敷布団袋（バールコトロ）、羊毛被り布（ルディ）、上衣（カンチャリ）、下衣（カリィユ）、衣装袋（アナコトロ）、上衣袋（コトリィ）、化粧道具、嗅ぎたばこ、腕輪などの装身具、小物袋（グプチィ）、真鍮製の食器、調理道具などである（写真27）。ジョリーヨは、結婚儀礼時に婚家へ贈るが、それまでに揃わない場合には、結婚後、長男が生まれた年のホーリー（ヒンドゥー教の春の祭り）に合わせて贈られる。もし、男児が生まれない場合には、花嫁の妹か弟が結婚するときに贈られる。もうひとつは、花嫁側から花嫁自身に贈られる家畜による持参財で、「ダミン」と呼ばれる。

毎日、刺繍作業をしてもほんのわずかしか縫いすすめることができない私は、「こんなにたくさんの刺繍布や衣装をつくらなければいけないのか」と、思わずため息をついてしまった。そんな様子をみたアイは「そうなのよ、だから少しでも時間があるときに刺繍をするの。掃除、水くみ、洗濯、炊事、食器洗い、そして育児。女性には自分の時間なんてないのよ。でも、わずかな時間をみつけては縫いためるのよ」と周りの女性たちを眺めながら答えた。

徹底した忌避関係

結婚儀礼後、滞在先に花嫁がやって来た。彼女の名前はバッチで、私は彼女を兄の妻という親族名称「バビ」をつけて、バッチ・バビと呼ぶことになった。バッチ・バビにとって私は義理の妹、ラバーリーの親族名称では「ナナッド」にあたる。義妹ということで、彼女は私を家族同様「ジョコ」と呼んだ。田舎暮らしで昔話や儀礼に詳しく、さらに刺繍上手な彼女は、その後インフォーマントとして頼れる存在となった。

ブジョディ村で彼女と生活をともにすることによって、衝撃をうけたのがラバーリー社会の忌避関係であった。

忌避関係とは、文化人類学の学術用語である。『文化人類学事典』の項目には、「特定の社会関係にある相手との接触や会話が社会慣行の上で相互に、あるいは一方的に禁じられている場合、その両者の関係を忌避関係と呼んでいる。これらの関係は実際の親密度とは関わりのない慣行ないしは制度であって、忌避関係にある者同士が不仲であるということではない」とある。

ラバーリーの既婚女性は、夫より年長の男性姻戚と忌避関係にあるため、忌避関係にあたる男性との会話、接触、男性の個人名を口にすること、顔をみせることが禁じられている。そのため、ラバーリーの既婚女性は、日常生活の大半を被り布で顔を隠しながら生活をしている。ラバーリー女性にとって忌避関係を構築するためにかかせないものが被り布なのだ（写真28）。

写真28　花婿の村に花嫁を迎え入れる儀礼の一場面。被り布ですっぽりと顔と身体を隠している中央の女性がバッチ・バビ。両脇にはデッパル村の女性が付き添っている。

男性は忌避関係にあたる女性がいると思われる場所を通る際には、事前に曲がり角な

ど で、「ヴォウゥン！」と大きな咳払いをする。咳払いを聞いた女性は、急いで被り布を頭に被り、顔を隠す。さっきまで、家の軒先に集まって、おしゃべりに花を咲かせながら刺繍をしていたのに、その反応の早いこと。目の前を男性が通り過ぎるまで、みな静かに下を向いている。

また、若い女性は、幾多にも連ねた足輪や腕輪を身に着けている。義父や義兄は、部屋に入る前に戸口に立って耳を澄ます。中からシャラリシャラリと装身具の音色が聞こえれば、忌避関係にあたる若い女性がいると判断して入室を諦めるか、大きく咳払いをして自身の存在を知らせる。若い女性が身につける装身具には、自分の存在を他者に知らせる機能があるのだ。また、金製や銀製の装身具は耳たぶ飾りと同様に、婚資としての役割を持つと同時に、魔物から身を守るともいわれ、夜に取り外すことはない。

トラブル回避の知恵として

つまり、花嫁は生活の大半を、顔を隠した状態で過ごさなければならない。調査を始めたばかりの私は、そんな彼女を不憫と感じることも多々あった。そんな彼女にとって、里帰りは唯一の息抜きでもあり、自身を解放できる機会なのである。

「ジョコ。バッチ・バビが里帰りするけど行くかい？」

アイが答えはわかっているけど、といわんばかりの笑みで尋ねて来た。もちろん、答えは「はい！行きます」。

こうしてバッチ・バビの里帰りに同行することになった。ブジョディ村から約七十キロメートル西に位置するデッパル村までは、バスを三度乗り換え、約三時間の道のりである。デッパル村へ行くのは、結婚儀礼以来である。

「バッチ！お帰り!!　ブジョディ村はどうだい？」、「体調はどう？　身体には気をつけるのだよ」。村の中を歩いていると、多くの人びとがバッチ・バビに声をかける。その様子からバッチ・バビはデッパル村で大切に育てられたと感じ、なんだか私はうれしくなった。

バッチ・バビは声をかけられるたびに近況を報告し、村人の視線を集めている私について、「彼女は日本から来た義理の妹よ」と丁寧に説明して歩いた。バッチ・バビの口から義妹の親族名称「ナナッド」の言葉を聞いた村人たちは、驚きと好奇心で私を眺めるのであった。

バッチ・バビには、五人の兄がいた。父親は数年前に亡くなっており、母親は長男と同居していた。五人の兄はすでに結婚しており、それぞれ自分の妻と子どもを紹介してくれた。名前を覚えながらニコニコするだけで精一杯の私を、みな温かく迎えてくれた。

あいさつが一段落すると、バッチ・バビの婚家での生活や待遇などに話が集中した。みな大丈夫なのかと心配していた。その原因はバッチ・バビの夫にある。彼は当時、ほぼ無職といっていいほど仕事をしていなかった。気分がのれば友人のトラック運転手の補助として日雇い労働をするくらいだった。その後、バッチ・バビは、子ども五人を育てながら婚家でミシン内職に明け暮れる日々をおくることとなるが、このころから周囲はそのような苦労を危惧していたのかもしれない。

里帰り中のバッチ・バビは、常に笑顔で早口のおしゃべりをしていた。ブジョディ村では、そんな彼女をみることがなかったのでいささか驚いた。忌避関係にあたる人がほとんどいないため、バッチ・バビは、被り布で顔を隠す必要もなく、なんだかいつもより生き生きとしてみえた。と同時に、忌避関係は、婚家での規律を保つための役割を担っているのだと改めて実感した。

婚家先でバッチ・バビが夫より年長者の男性と、身近で話をしていることはなかった。花嫁は、忌避関係によって義兄や義父と仲良く話をすることもなく、一定の距離を置く。二人きりになる機会がないのだから、当然、間違いも起こりにくいだろう。一見、不自由にみえる忌避関係は、少数コミュニティが円滑な社会生活をおこなうための、トラブル回避の装置なのである。

女神儀礼

里帰りしたバッチ・バビに一目会おうと、次から次へと親戚が集まって来た。そして話題は、ブジョディ村に住んでいる人びとについて集中した。バッチ・バビは、ブジョディ村の新婚夫婦や、子どもが生まれそうな夫婦の人柄や経済状況、親族関係を事細かく説明していた。どこにこれほどの記憶をとどめておく装置があるのだろうか、と感心するほど多くの情報をバッチ・バビは親戚に伝えていた。このように、婚家先で収集した情報は、生家の人たちにとってこれからどの家と婚約を結び、どのように親族ネットワークを構築してゆくかを考えるための貴重なデータとなるのだ。

さらに、話題は私に関することに移った。

「ジョコは、ラバーリーの刺繍ができるの。もうすぐトーランを仕上げるのよ」

バッチ・バビは、もうすぐ完成するナッティ・ダディとの共作の女神用トーランについて、自分のことのように自慢し始めた。そして、「今度の女神儀礼の祭礼日には、間に合うね」と私に言ったのである。

女神儀礼は、年間を通じて一定の時期に、ヒンドゥー教の叙事詩や神話などを元にして執りおこなわれることが多く、地域やコミュニティによってさまざまな様相を呈している。ラバーリーはヒンドゥー暦に従って祭礼日を決めている。ヒンドゥー暦とは、月は朔望月（太陰月）の周期により、年は太陽の運動により決められる太陰太陽暦である。これは、一年を十二ヶ月と数えるが、一ヶ月はすべて三十日であることから、一年は三六〇日となり、太陽暦とずれが生じる。そのため、何年に一度か閏月が設けられる。

インドの太陰暦の月の名は、その月の満月と重なる星宿の名に由来する。一ヶ月は、新月から満月の白半月の十五日と満月から新月の黒半月の十五日で成り立っている。ラバーリーの女神儀礼は女神ごとに祭礼日が決まっている。例えばラクダに乗った女神モマーイー・マーターの祭礼日は一年に一回で、アーソ月（西洋暦の九月〜十月）の白半月七日目となっている。

ラバーリーの女神儀礼では、ボーパと呼ばれる司祭者（女性の司祭者はボーピ）がすべてを執りおこなう。ラバーリー社会でボーパは、女神と直接交流することができる能力を持っているとされ、重要な役割を担っている。その中でも特に大事なものが、個人に対する名付けだ。ラバーリー社会では、女神が司祭者に憑依して、個人名を発するといわれている。

私にとって幸運だったことは、バッチ・バビの五番目の兄が、女神の司祭者であったことだ。そのため、バッチ・バビは幼いころから祭礼の準備にたちあい、女神儀礼にまつわる話をきいてきた。同年代の女性の中では、ひときわ儀礼に関する知識を持っていたバッチ・バビとは、後に調査協力者として多くの調査をともにし、彼女の知識には大いに助けられた。

女神によってつけられる個人名

バッチ・バビが「今度の女神儀礼の祭礼日」といっていたのは、約一ヶ月後にひかえたモマーイー・マーターの女神儀礼のことであった。祭礼日には、午前中に女神が個人名をつける命名儀礼が執りおこなわれる。

ラバーリーの名前は、「個人名・父親の名前・コミュニティ名（ラバーリー）・父系集団名」で構成されている。女性は結婚すると「個人名・夫の名前・コミュニティ名・夫の父系集団名」と改名する。そしてこの個人名は、崇拝する女神に名付けてもらうのだ。

また、長男の命名儀礼にかぎって、刺繍布トーランを女神へ奉納する。バッチ・バビは、私が女神に捧げるためにトーランをつくっていると思っていたため、今度の女神儀礼で奉納したらよいと提言したのだった。

ここで、命名儀礼について具体的に紹介したい。ブジョディ村のモマーイー・マーターの祭礼日一九九八年九月二十七日に司祭ボーピであるハルクー・ブーダー・ラバーリー・バードュキーによって執りおこなわれたものである。命名された幼児はムンガル・ラナ・ラバーリー・バードュカーの三男である。命名儀礼の時、彼は生後四ヶ月で、それまでは、マングースを意味するノリヨと呼ばれていた。

命名儀礼は以下のように執りおこなわれた。

1. 司祭者が女神に祈祷する。
2. 女神が司祭者に憑依（ワホ）する。
3. 司祭者は母親に抱かれた幼児を呼ぶ。
4. 司祭者に呼ばれてから母親は子どもに刺繍をほどこした帽子（トポロ）を被せる。
5. 幼児を司祭者の膝の上に座らせる。
6. 一ルピーコインに赤い粉（ティルー）をつけ、幼児の額につける。
7. 一ルピーコインを取り除く。
8. お米を額につける。
9. 髪の毛を一房ハサミで切り、女神に捧げる。
10. 幼児の口に線香の灰をつける。
11. 祭壇の炎の煙を幼児にかける。

12. 女神の祭壇へ幼児の体を斜めにする。
13. 司祭者は女神から託宣された幼児の名前を言う。
（カヌロと命名、カヌロ・ムンガル・ラバーリー・バードュカーとなる。）
14. 母親に幼児を戻す。
15. 母親は幼児の帽子を脱がせてから、幼児の手の甲と手の平に接吻をする。
16. 幼児は同じ村の親戚から手の甲と手の平に接吻をされる。

写真29　カヌロと女神によって命名された幼児。ミラー刺繍が全面にほどこされた帽子を被っている。邪視よけとしての金属製の縁飾りもほどこされている。

命名儀礼の当日の朝、幼児はこの日のために準備されていた新しい服に身を包み、母親に抱かれて女神寺院につれて行かれる。儀礼中、司祭者から命名される直前に、母親は幼児に準備していた刺繍をほどこした帽子を被せる（写真29）。また長男の命名時に限り、母親によってつくられ

写真30　モマーイー・マーターの祭壇。奉納されたトーランが掛けられている。左側下段がナッティ・ダディと筆者との共作によるトーラン。

たトーランが祭壇の上に捧げられる。前述した女神用のトーランとは、命名儀礼時、あるいは治癒祈願などのために女神に捧げる刺繡布なのである。

トーランを奉納してから

「ジョコも命名儀礼の時にトーランを奉納してごらん」

完成したトーランを前に、ナッティ・ダディが私の顔をじっとみてつぶやいた。ナッティ・ダディが制作を促したトーランの意匠は室内用ではなく女神へ捧げる女神用のものであった。そして、私は上述した命名儀礼の際に、自身のつくったトーランを女神に奉納した。

その日から他のラバーリー女性が捧げたトーランとともに、私とナッティ・ダディの共作ともいえるこのトーランは、女神寺院の祭壇の壁面に掲げられることとなった（写真30）。

結果として、トーランを奉納した後、ラバーリー女性の反応が変わった。これまでは、通りすがりに会釈だけですれ違う女性たちからも「トーランを奉納したんだって」、「みたわよ、あなたがつくったトーラン」などと、声をかけてもらえる機会が急激に増えた。

ナッティ・ダディは、村一番の刺繍上手として有名であったが、それは刺繍技術のみをさしていっているのではないのだ。彼女は、私がこれからの調査生活に送るにあたり、何を最初につくれば村の女性たちにとけ込むことができるのかということを考慮していたのだ。そして、女神用トーランをつくるように提案したのである。

文様の意味や名称を知り、豊かな色彩構成による伸びやかな文様をつくることに加え、どのような場面に、どういった意匠の刺繍布をつくるべきか適切に判断する思慮深さが、刺繍上手の条件なのである。

ナッティ・ダディは、刺繍だけではなく、さまざまなことについて教えてくれた。日本でいうところの女の子座り——正座を崩して両足の間におしりをおとして座る座り方——をしている私をみて、ナッティ・ダディは、私の足をパシッと叩き、不作法だからやめなさいといつも注意した。帰国するたび、髪の毛を切る私と再会するごとに、「女の子は髪の毛を伸ばすもの、どうしてあなたはそれができないの！」といつも彼女は怒っていた。たくさん注意をされる日々が続いたが、その経験がラバーリー女性として、どのようにたち振る舞わなければならないか理解することにつながった。

また、調査地で大好きな時間があった。それは、夕食後、ナッティ・ダディの家の軒先に仰向けに寝転がって、星をみることだ。いつも気がつくと、ナッティ・ダディと村の子どもたちも、同じように寝転がっていて、みなで一緒に落ちてきそうな満天の星を眺めるのであった。そして、ナッティ・ダディが、星空を見上げながら、自身の若いころの話や、刺繍や文様の話をしてくれるのを聞きながら、うとうとするのが至福の時間であった。

ふたつの評価軸

「はじめに」でも述べたように、大学で学んでいた私は作品として評価されることを目的にものづくりをしていた。調査に入る前、ラバーリーの自家用に制作された衣装や刺繍布には、評価というフィルターがかかっていないと漠然と思いこみ、ラバーリー社会において、ものをつくるとはどういった行為なのかを知りたいと考えていた。

しかし、調査のなかで、結婚儀礼での婚資や持参財、女神儀礼での帽子やトーランなどを観察する機会を経て、ラバーリーの刺繍布にも現地の人びと特有の評価軸がふたつ存在していることが明らかとなった。

ひとつは、結婚相手先の女性たちによる評価である。前述したように、ラバーリーの衣装や刺繍布は、婚資や持参財としての役割を担っている。これらは、それぞれ結婚儀礼の際に、結婚相手の家でお披露目をされる。女性たちは複数人で連れ添って、並べられたそれらを手にとって、細部まで品定めする。使用している布地や、刺繡糸の素材、文様の組み合わせ方、色づかい、ミラーの留め方、縫い目や針運びなどを、布の表と裏から、批判的な視線で入念に調べる。その眼力で、刺繡布に穴があくのではないかと思うほどである。

制作者は、この評価にたえなければならない。同じ制作技術を持っている女性たちの評価はとても厳しく、またたく間にその評定は各村へと伝わる。別の見方をすれば、優れているという評価もあっという間に、女性たちの話題となる。そして、そのような刺繡をすることのできる女性を、親族としてむかえることができたことを誇らしげに語るのだ。

もうひとつは女神による評価である。命名儀礼にたちあって一番驚いたのは、命名儀礼用の帽子がわずか数分しか登場しないことであった。丁寧につくりあげられた帽子は、司祭者に呼ばれてから幼児に被せられる。そして、司祭者（女神）が幼児の個人名を発し、母親のもとに戻されると同時に帽子はぬがされる。時間にして、わずか数分間である。

「あんなに時間をかけて制作したのに、被るのはたった数分だけなの？」、「せっかく命名された良き日だから、一日中被っていればいいのに」とブツブツつぶやく私に、ラバーリーの女性たちは、「女神が好きな刺繡をするの」、「女神が気に入ればいいのよ。だから命名される瞬間だけでいいのよ、帽子を被るのは」とあっさりと答えるのであった。

ラバーリーの女性たちは、わが子に無事に個人名を与えてもらうために、女神が気に入るような帽子をつくらなければならないという。つまり、女神が帽子を評価するのである。

帽子は、母親もしくは母方の親戚によってつくられる。命名儀礼用の帽子は、女神用トーランと同様に、黒色の布地でつくることは避けられる。文様は花、草木、クジャク、オウム、サソリ、ラクダといった伝統的に継承されてきたもので、自転車や猫など、定住生活することによって加えられたものが描かれることはないのだ。

ラバーリーの女の子は、物心がつくと、掃除や食事の準備と片付け、洗濯など多くの家事を母親と分担するようになる。幼い妹や弟の面倒も母親に代わってする。そして、家事や育児の一部として刺繍を習い、わずかな時間をみつけては、自分や家族、未来の夫のために衣装や刺繍布をつくりためてゆくのだ。刺繍をしている場面だけきりとってみると、女性たちはおしゃべりをしながら和気藹々と好きなように刺繍の時間を楽しんでいるようにみえる。

しかし、私がラバーリーの刺繍布に魅了されたのは、人生を左右するような大きなふたつの評価軸を常に意識しながらものづくりに取り組むラバーリー女性の姿勢が、刺繍布に映し出されていたからであろう。彼女たちのものづくりは「結婚相手先の女性たちによる評価」と「女神による評価」に絶えずさらされているのである。

第三章　男性社会の手仕事へ

ふたたびブジョディ村へ

一九九九年四月、ラバーリーの手工芸についての調査研究を継続するため、大阪芸術大学大学院博士課程に進学した。そして同年九月、ふたたびカッチ県を訪れた。

久しぶりの滞在先には「家族」が増えていた。前年に結婚儀礼をすませた次男夫婦に男児が誕生していた。さらに長男も結婚し、妻が家族に加わっていた。一方、この間、悲しい知らせもあった。刺繍の師匠であった、ナッティ・ダディが亡くなっていたのだ。風邪をこじらせ、病院へ行く間もなく息をひきとったという。実は、このことを、ブジョディ村に着く前に知っていた。アボが、事前に国際電話で知らせてくれていたのだ。ナッティ・ダディを慕っていた私が、ブジョディ村を訪れた際にショックを受けないようにと、彼なりの心遣いだったのであろう。

村に着くと、すぐに主のいなくなったナッティ・ダディの家まで行ってみた。彼女の家の前は、誰も手入れをしておらず、枯れ木や枯れ葉、ゴミなどで汚れていた。ナッティ・ダディがいなくなったブジョディ村をイメージし、覚悟を決めて再訪したが、そんな家の様子をみて、悲しくなって泣いてしまった。私にとって彼女の家の軒先は、夜空を眺めた思い出がたくさんつまった、大好きな空間だったからだ。私は、「もっと、ナッティ・ダディに刺繍を習いたかった」、「昔の話をききたかった」と思いながら、箒を持って来て掃除を始めた。

男性領域へのアプローチ

修士課程では、女性による衣装づくりや刺繍布の制作に焦点をあてて、調査研究をしてきた。博士課程では、そこから範囲を少し広げ、男性の手仕事についても調査したいと考えていた。以前から、さまざまな村を訪れた際に、男性の糸紡ぎ作業や編み作業を垣間見ていた私は、いつか、ナッティ・ダディに刺繍を習ったように制作に従事しながら調査をしたいと思っていた。

ものづくりの調査をする場合、調査者が自分で技術を習得することは一般的な方法ではなく、つくり手の作業を観察しながら調査をすすめることが多い。技術を習得しながら調査をした民族誌的記録をみかけることもあるが、その際、調査者自身が、対象の手工芸技術にどれほど精通しているかが、記録の深みや質になってあらわれてくる。

実は私は器用ではない。手工芸に携わっている人びとの中では明らかに不器用である。ナッティ・ダディやバッチ・バビにも、「なんで、目の前で動かしている針の動きを覚えられないの?」と指摘され続け、ついには、「図や写真に記録するから覚えられないのよ」とまで言われたぐらいである。

唯一の取得といえば、技術を習得するまで諦めないということだけである。時には調査地で、

写真31　ヒツジとヤギの宿営地。ブジョディ村から２キロメートルほど離れた水場の周辺に宿営地はつくられ、簡易ベッドが設置されている。

「ジョコ。お前はずっと刺繍ばかりしているが、大丈夫か？　日本に帰って、大学院の先生に怒られないのか」と心配されるほど、時間をかけて技術を学んできた。

この時まで男性の手仕事の調査をしてこなかった理由は、調査拠点としていたブジョディ村に住むラバーリー男性は、糸紡ぎや編み、織りなどの手仕事をしていなかったからである。

ブジョディ村の牧畜生活

ブジョディ村に居住するラバーリーの生業の大半は牧畜である。男性は、村はずれや村から徒歩三十分程度の畑のまわりの土地に、ヤギやヒツジの宿営地をつくり、日帰り放牧をしていた（写真31）。通常、兄弟など数家族単位で宿営地はつ

写真32　自転車で宿営地からミルクを運ぶラバーリー少年。朝と夕方は搾乳の手伝い、お昼は学校と忙しい日々を送っている。

くられる。

彼らの牧畜生活に、以前から大変興味を持っていた私は、時間があると、彼らの日帰り放牧に同行するようになった。例えば第一章で紹介したように、オジにあたる四人の兄弟は、村のはずれに共同で宿営地をつくっている。それぞれ息子がおり、日の出とともに家で寝起きしている彼らが、朝食と昼食を持って宿営地にやって来る。搾乳がすむと、息子たちは自宅へミルクを運び、それぞれ契約している村落の各戸や、通りや町のチャイ屋さんへ配達に行く（写真32）。

宿営地にいたオジたちは、搾乳後、それぞれ放牧にでかける。放牧は一人で行くかあるいは、息子のうちの一人をつれて行く、もし人手がない場合は、牧夫を雇って行動をともにする。その後、日暮れ前には、宿営地に戻って来る。そしてふたたび、息子たちが夕食を持って宿営地に来て、搾乳を手伝う。朝と同様に、息子たちは搾乳したミルクを契約先に配達する。

宿営地にいるオジたちは、七日から十日ごとのローテーションを組み、一人ずつ自宅へ戻り、一泊か二泊して身体を休める。その間は、オジや息子たちが放牧を交代する。

ブジョディ村には広い宿営地がないため、ラクダの飼養をしているものはいない。そのため、私が調査対象にしたいと考えているラクダの腹帯をつくっている男性はいないのだ。町でプラスティック製やビニール製の紐を購入してきて、ウシやヤギなどの首輪を編む男性もいるが、その編み技術は、六編みや八編みという比較的簡単な技術であるため、調査の対象外であった。

技術調査を始める

刺繍の師匠だったナッティ・ダディが亡くなったこともあり、男性の手仕事に調査の重点を移すこととなった。

以前から、男性の手仕事の調査をしてみたいと、アボに話していた。上述したように、ブジョディ村では調査はできないことがわかっていたため、調査できそうな近隣の村をアボと探しにでかけた（写真33）。

アボは私のインフォーマントをかってでてくれた。女性と男性の生活領域が異なるラバーリー社会において、見知らぬ村で男性の輪の中に、女性が一人で入るのは、調査開始時には難しかった。そのため、アボが行く先々の村々で、「彼女は私の娘だ、よろしく」と紹介をしてくれた。

アボとともに、ブジョディ村から東に十五キロメートルのパダル村を訪れた。以前、この村へは、

写真33　メンテナンスがゆきとどいたアボのバイク。このバイクでカッチ県のラバーリーの居住区の大半をアボと一緒に訪れた。

刺繍布をみに行った際にラクダの腹帯をつくっていた男性をみかけたことがあったからだ。その日もちょうど、一人のラバーリー男性が腹帯をつくっていた。アボが私のことを彼に話し、腹帯の制作技術を指導してくれないか交渉を始めた。

アジュさんというこの男性は、若いころはヤギとヒツジ、ラクダとともに移牧生活をしていたが、その当時はすでに高齢のため移牧へはでず、自宅で暮らしていた。そして彼の所有している家畜は、息子たちが飼養しているという。

事情をなんとなく飲み込んだアジュさんは、腹帯づくりを教えると言ってくれた。「アジュさんの家に住ませて、教えてください」と私は彼に言った。しかし、その頼みはあっさりと断られた。彼の家では一部屋に夫婦で住んでいたため、一緒に居住するスペースがないためである。そのかわり、朝から夕方までなら、毎日技術を習うために通って来てもよいとの承諾をいただいた。

その日から、ブジョディ村からパダル村への往復の日々が始まった。パダル村までは、ブジョ

写真34　糸紡ぎをするアジュ・バイ。作業中、放牧にでていない初老の男性がそれぞれ自宅にあるラクダの腹帯や放牧用袋など持って集まってくる。

ディ村からバスで行くことができる。また、アボに時間があるときは、バイクで送迎をしてもらった。私は彼を「アジュ・バイ」と呼ぶことになった。「バイ」とは、兄弟や男性への敬称を意味し、日本語で言えば、「アジュおじさん」という感じになるだろう。アジュ・バイは自称七十歳だが、ラバーリーでは、正確にはよくわからないようだ。ラバーリーでは、生年月日を記録する習慣がないからだ。

彼は高齢のため、ゆっくりとした手つきで作業をすすめていた。技術調査をするとき、調査対象者が若いか年配かによって、それぞれ長所と短所がある。調査開始当時の私は、技術調査をするときに、若い人に教えてもらいたいと考えていた。若い方が、作業も手早く、体力もあるため休憩する時間も少ない。効率よく技術の習得ができると思っていたのだ。

しかし、ナッティ・ダディに刺繍を習った際に、そうではないということを学んだ。高齢ということで、確かに作業工程は悠々としているが、そのことが却って調査者が観察をする、写真を撮る、映像を撮るにあたっては適しているのだ。また、年配の人は休憩も多くとるが、この際に、ノートに書いた技術用語を確認したり、聞き漏れがないかを自分自身で冷静に振り返ることができる。

アジュ・バイの作業は予想していた通り、休憩も多くゆっくりとすすんだ。そのため、初めてみる作業をじっくりと確認しながら調査をすることができた。さらに、私がお土産として彼に渡した日本のタバコを目当てに、同じ村の高齢者が集まって来て、さまざまな話をするようになった。そういった雑談の中で、昔のものづくりの話などを多くの男性から聞くことができたのである（写真34）。

ヤギ毛の糸紡ぎを習う

アジュ・バイは、ヤギ毛の糸紡ぎから教え始めた。ラバーリーが飼養するヤギは、カッチ種である。カッチ種はやや大型種で、毛色は黒もしくは、茶、白で長い耳が特徴だ。毛質は剛毛で短い粗毛である（写真35）。

ヤギ毛の利用というと、柔らかい風合いで有名なカシミヤショールに代表されるカシミヤヤギが知られている。カシミヤヤギの毛は細く長いため、糸紡ぎにむいており、その糸で織られたショールは、軽くふんわりとしたものになる。一方、カッチ種のヤギ毛は、まるで日本人の直毛のように固く、糸紡ぎには向いていない。

これまで木綿と羊毛の糸紡ぎは、大学で経験していた。そのため、ヤギ毛の糸紡ぎもある程度練習をすれば、すぐに習得できると思っていた。しかし思い通りに紡げなかった。太くて固いゴワゴワとしたヤギ毛は、毛と毛の絡まり合う力が弱く、撚りを強くかけないと、すぐに切れてしまうのであった。気持ちだけが焦ってしまい、さらにその焦りから落ち着いて紡げない、という負のスパイラルに入り込んでしまった。アジュ・バイはそんな私をみて、アドバイスをするわけでもなく、隣で糸紡ぎをするだけであった。

写真35　ヤギの毛を刈るアジュ・バイ。男性二人で暴れるヤギを押さえ込みながら握りハサミで刈り取ってゆく。

「なぜだろう。アジュ・バイはあんなに簡単に紡いでいるのに…」

なかなか上手く紡ぐことができなかった私は、作業をやめ、アジュ・バイの手の動かし方と、私の手の動かし方の何が違うかを観察した。右手と左手の位置関係、紡ぐための毛を取り出す速さ、錘を回すタイミングなどに注意してみた。そしてアジュ・バイの身振りを真似してみた。さながら「エア・ギター」ではなく、「エア・糸紡ぎ」とでもいうかのように。

作業のイメージをつくった後、ふたたび、糸紡ぎをおこなってみた。何時間も、ただ糸紡ぎの作業に没頭した。ヤギ毛は固く、擦れた指が少しずつ赤く痛くなってきた。ふとアジュ・バイの指をみてみると、両手の人差し指と中指に胼胝《たこ》ができて、硬くなっている。アジュ・バイは、私の指をみて、「赤くはれているから、もうそろそろやめるか？」と時折尋ねた。しかし、技術の習得ができない私は、諦めるものかと紡ぎ作業を続けた。

日暮れとなり、初日は同じ太さで均一の撚りの糸ができることはなかった。悔しさからブジョディ村へ毛を持ち帰り、眠る前まで紡ぎ作業を続けた。パダル村で一日中紡ぎ、夜もブジョディ村で紡ぎ作業をする、そんな日々が続いた。

しばらくすると、赤くはれていた指が徐々に硬くなり、胼胝となっていた。そのころになると、思い通りの太さと撚りの糸が自身の操作でつくれるようになってきていた。作業を黙ってみていたアジュ・バイも、「よし、これなら次の作業を教える」といってくれた。「やったー！ ようやく次の作業だ」と喜んだのもつかの間、アジュ・バイは、「単糸から双糸をつくるやり方を教えよう」と言ったのだった。

「そうか。まだ単糸をつくれるようになっただけで、編みや織りをするために必要な双糸づくりはこれからか」と、思わずため息がでた。

石をもちいた糸紡ぎ作業

ラバーリーの糸紡ぎは、特徴的である。通常、糸紡ぎ作業は、糸を紡ぐための道具である紡錘を使用する。紡錘とは、糸に撚りをかけるための錘であり、土製・石製・骨製などの小円盤や半球・球などの中央に円孔をあけて軸棒を通し、その一端に繊維の端を取りつけて、手で回転させながら撚りをかけて、軸に巻きつけるものである。

一方、ラバーリーの男性は、回転にはずみをつける石ころと糸を引っ掛けるための小枝などの細い棒をもちいて糸紡ぎをする（写真36）。繊維を引き揃えて伸ばし、この石を錘にして右回転させ、左撚りの糸を紡いでゆく。出来上がった糸は石と細い棒の上に巻きつけて、最後は糸を8の字になるようにして棒に引っ掛け、溜めてゆく。一定量の糸が石に溜まると、一度糸を引掛けていた細い棒を引き抜き、溜まった糸の上に一定方向にずら

写真36　石と小枝でつくった紡錘。糸を紡ぐ前に地面から適当な大きさの石を拾って使用する。

して置く。そしてまた、その棒の上に紡いだ糸を巻きつけてゆく。このように細い棒を一定方向に少しずつずらして置き、その上に紡いだ糸を巻きつけてゆくことによって、石の上に球状の巻糸による錘ができる。ラバーリーの糸紡ぎ作業は、紡いだ巻糸自体が、紡錘の役割を果たすのだ。

染織研究において、石を使って糸紡ぎをすることは可能であり、有史以前からおこなわれてきた技法であると推察されている。しかし、実際の事例報告はわずかであり、染織研究にとって、このようなラバーリーの石を使う糸紡ぎ作業は、大変貴重な情報源なのである。

焦る気持ち

作業に従事してみて、きっとラバーリーの男性は、興味深い染織技術を持っている、そう確信した。そして、早くいろいろな放牧用具づくりを学びたいと心は焦っていた。技術を習得しながらの調査は、早く作業をすすめたい気持ちとの戦いである。限られた調査期間のため、より多くの技術を習得したい。一方で、中途半端に学んでしまうと、その技術の「肝」を見極めることができない。このバランスが難しい。

次の作業を教えてくれるといったアジュ・バイを横目に、でも、まだ糸づくりか、という気持ちになった。いつになったら腹帯づくりにすすめるのだろうか。気持ちは焦るばかりだった。

ナッティ・ダディに刺繍を習っていたときは、早く次のことを習いたいとか、あと何日で調査期間が終わるから、などと焦る余裕もなく、その日のことで精一杯であった。しかし、パダル村へ通っていたときは、「このままだと、糸を作るだけで今回の調査は終わってしまうのではないか」、「どの工程まで技術を習得することができるのか」といった不安や焦りを感じることが多かった。

これは、この調査期間に、ブジョディ村での儀礼や親戚づきあいで、別の村へ行かなければならない用事がたびたびあり、パダル村へ毎日通うことができなかったからかもしれない。バッチ・バビが生家で出産し、産後の儀礼などに立ち会って欲しいと言われ、彼女の村へ幾度も訪れた。調査開始時の「お客さん」から、アボの「娘」となった私は、多くの親戚づきあいにも顔をださなければならなかった。

もちろん、技術調査の方が大事なので、親戚づきあいに時間をさくことができないと伝え、強引にパダル村へ通うという選択もできたのかもしれない。しかし、これまでの経験で、ラバーリー社会において姻戚とのネットワークづくりがいかに大事かということも身にしみて感じていたため苦渋の選択であった。

さらに、このころになると、村の人びとも私に対して遠慮なく、なんでも言うようになってきた。受け入れられていると感じる一方、以前のように気をつかってもらえなくなったことに対してストレスも感じていた。

ラバーリーの気質は、思っていることを全て話すというものである。心の奥にある気持ちをくんで欲しいなどという感情は持ち合わせていない。当時、アボの家の一室を、自室として間借りしていたが鍵があるわけでもなく、部屋の奥にもう一部屋あるため、そこに行く人は私の部屋を通る。

そのため、村の生活では、基本的にプライバシーやプライベートな空間はない。疲れてしまい、みなよりも早く横になって寝ている時でも、家族の数人がわざわざ私の部屋に来て大きな声で夜のおしゃべりをしている。そんな時、うるさいという意思表示で、布団を頭から被ってもまったく効果はない。「うるさい！ もうあっちへ行って‼」と言わない限りは、彼らはしゃべり続けてしまうのだ。

そんな彼らの気質と、遅々としてすすまない技術調査に、苛立ちの感情が私の中に芽生えてきた。

腹帯づくり

複雑な気持ちの中、パダル村での技術調査は、ようやくラクダの腹帯づくりとなった。予想していた通り、腹帯の制作技術は興味深いものであった（写真37）。それは、紐の撚りの間に別紐を通す特殊な編み技術で、「割る」を意味する"Split"と「撚り」を意味する"Ply"の組み合わせによる英語をもちいて"Split-Ply"や"Ply-Splitting"、"Ply-Split Braiding"などの名称が付けられているが、用語としての統一はなく、事例報告が少ないため日本では名称さえも定まっていないものであった（図5）。制作技術の詳細は、拙著『インド、ラバーリー社会の染織と儀礼――ラクダとともに生きる人びと』（二〇〇六年、昭和堂）で報告しているため、そちらをご参照いただきたい。

アジュ・バイの丁寧な指導のもと、腹帯づくりに没頭した。そして、その制作技術もさることながら、アジュ・バイがつくりだす、文様の豊かさにも驚かされた。ラバーリーの結婚儀礼において、かつて花嫁はラクダに乗って花婿の村までつれて来られていたという。そんな儀礼用のラクダの腹帯には、サソリやラクダ、イヌ、水を汲む少女など多種類の文様が表現されたものを使用すると教えてくれた（図6）。女性による文様表現とはひと味違う、男性による文様表現の巧妙さに心躍る日々であった。

初めての村で出会う人びととの会話や、初めて知る技術用語に四苦八苦しながらも、パダル村でのアジュ・バイとの教授は、一ヶ月ほど続いた。続けることができたのは、アジュ・バイの茶目っ気たっぷりの性格によるものであった。

写真37　ラクダの腹帯づくり。作業中、放牧にでていない初老の男性がそれぞれ自宅にあるラクダの腹帯や放牧用袋などを持って集まってくる。

アジュ・バイは、私が身につけているドゥパッター（女性用肩掛け）をターバンとして頭に巻いて、「私のターバンと交換しよう。どうだ似合うか？　一枚写真をとっておくれ」と言ってきたり、お気に入りの仔ヤ

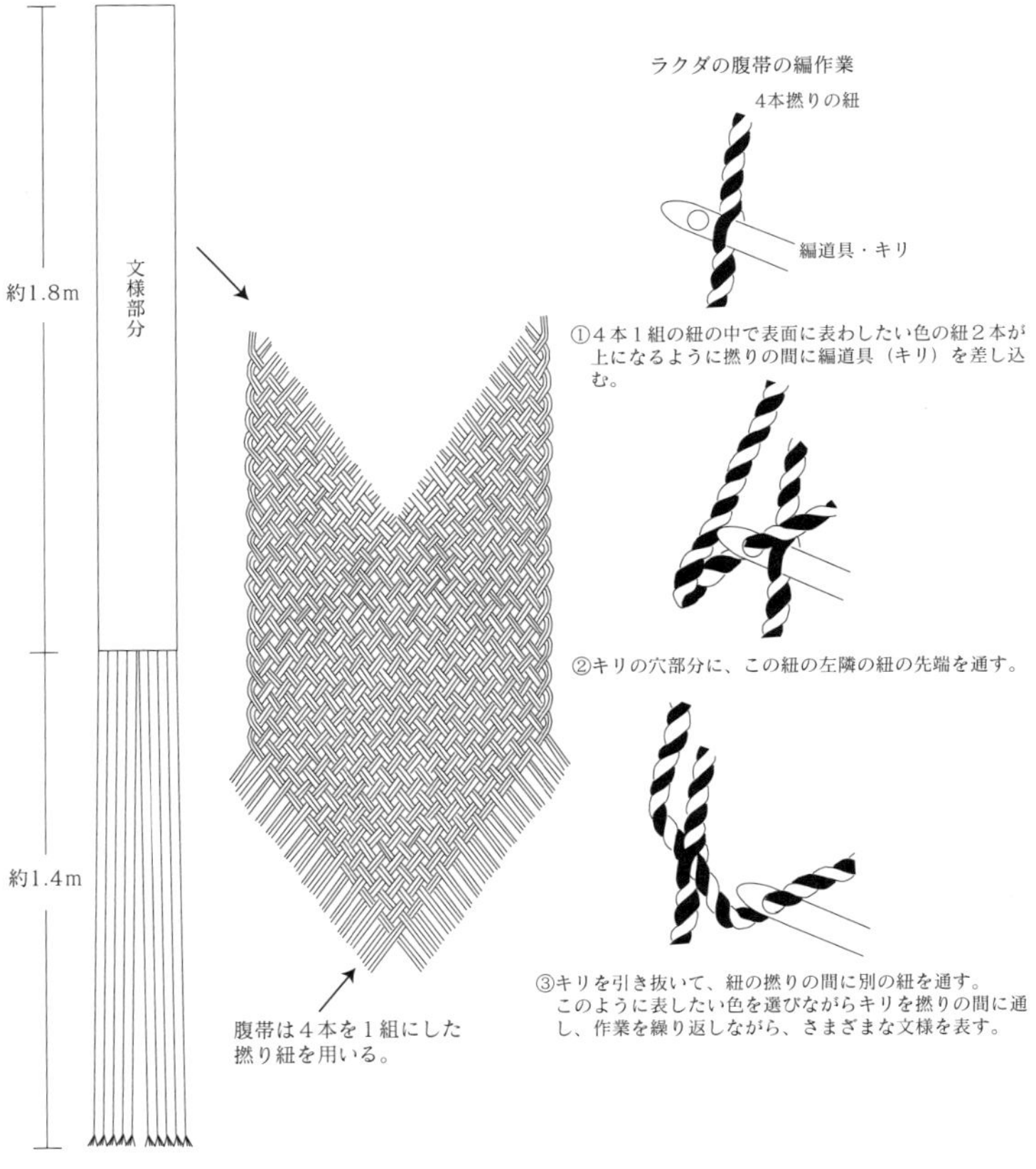

図5　ラクダの腹帯の編組織と制作技術

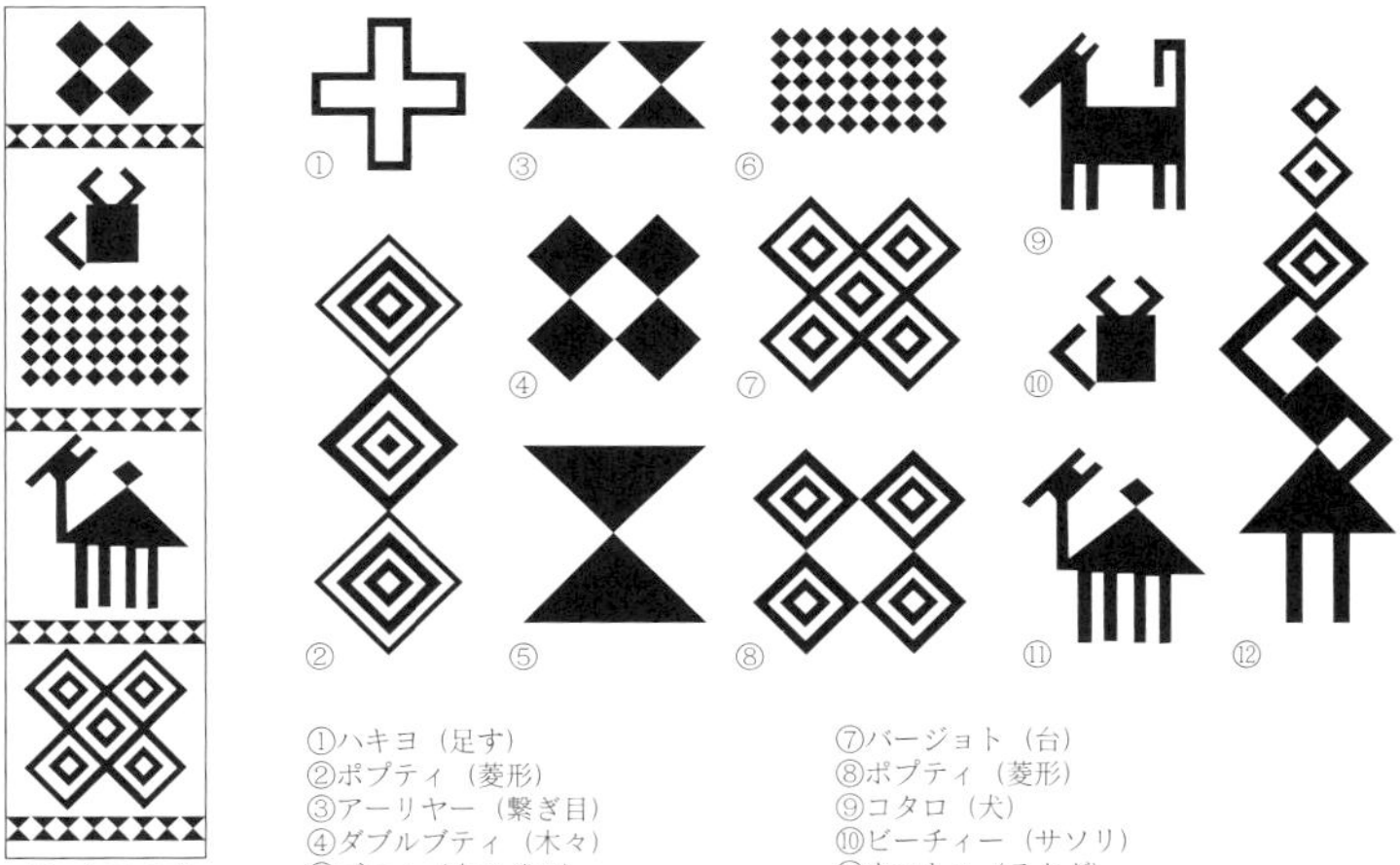

バァンティオ
（文様）

①ハキヨ（足す）
②ポプティ（菱形）
③アーリヤー（繋ぎ目）
④ダブルブティ（木々）
⑤ブティ（木のイス）
⑥パーンチャカーニユン（５つの穀物）
⑦バージョト（台）
⑧ポプティ（菱形）
⑨コタロ（犬）
⑩ビーチィー（サソリ）
⑪ウントッ（ラクダ）
⑫マーイヤーラー（水を汲む少女）

図６　結婚儀礼用ラクダの腹帯に見られる文様

ギをつれてきて、「ジョコ！　日本に連れて帰るか？　糸紡ぎが毎日できるぞ、ヤギの乳が飲み放題だぞ。残飯も食べてくれるぞ」と、私の疲れをふきとばしてくれるような冗談をくりかえした。この様子をみて、しっかりもののアジュ・バイの妻は、「そんな冗談ばっかり言って、ほらちゃんとジョコに作り方を教えないと！」と、ミルクティーをさしだしながら私をいつも励ましてくれていた。

じっと眺めて取り入れる

この間、ラバーリー男性のものづくりに対する姿勢を観察することができた。

彼らの制作時間で圧倒的な部分を占めているのが、糸紡ぎと出来上がった糸を四本撚りあるいは八本撚りにする紐づくりであった。女性たちがわずかな時間をみつけて刺繍をすることと同様に、彼らはおしゃべりの最中や、村の中を歩くとき、放牧中、さらには他村を訪れるときにも歩きながら糸づくりや紐づくりをしていた。

彼らは私が持っているカメラや鞄、靴の紐を手にとりじっとみつめ、「これはおまえがつくったのか?」、「いや、これは手でつくっていないな、機械だな。む? どうやってつくっているのだ?」などと、つぶやきながら、さまざまな角度で紐の編技術や文様を確かめるのであった。パダル村では、このように持っている紐をラバーリーの男性にまじまじと見つめられるという経験をたびたびした。彼らは常に、周囲にある糸や紐に興味を持ち、取り入れることができる技術や文様がないかを確認しているのであった。

このような彼らのものづくりに対する姿勢について、印象的な出来事があった。

ある日、アボと親戚の家へ遠出した帰りであった。

「この村もラバーリーが多く住んでいるよ。腹帯をつくることができる男性がいるかもしれない」

アボの勘はいつも冴えているため、立ち寄ることにした。予想通り、ラクダの腹帯づくりが村一番上手いという初老の男性に出会うことができた。彼もアジュ・バイ同様、放牧は引退して、村で隠居生活をしていた。

そして、彼から次のような話を聞くことができた。

一九四七年にインドが独立し、インドとパキスタンとの国境が閉鎖される一九五六年までの間、カッチ地方とスインド地方(パキスタン南東部)との行き来は自由であった。当時、私はカッチ地方とスインド地方の国境近辺でヤギの移牧をしていた。ある日、スインド地方のタールパルカールという地域に行くと、そこにはソダ・ラージプートが多く居住していた。ソダ・ラージプートの男性たちは、私がみたこともない文様をほどこした腹帯の制作をおこなっていた。

以前から腹帯の制作をおこなっていた私は、彼らが制作している緻密な文様に興味を持ち、腹帯をみせてもらいながらさまざまな話をした。彼らは槍（バロォ）をモチーフにしたバロリィオォと呼ばれる腹帯を多くつくっていた。私は移牧をおこないながら彼らの所へ幾度となく訪れ、このバロリィオォの制作技術を習得した。そして、それをラバーリーの友人たちに教えたのだ。

いつしか槍をモチーフにした腹帯バロリィオォは、ラバーリーの間でスィンド地方のタールパルカールで作られている腹帯という意味のタァリィオと呼ばれるようになり、ラバーリーの腹帯の文様に取り入れられたのであった。

この話からも判るように、ラバーリーの男性は移牧中などに新しい文様に出会うと、その文様の制作技術を貪欲に学び、自らの技術として取り入れていったのだ（図7）。

この話に興味を持った私は、彼にタァリィオと呼ばれる腹帯はあるかと尋ねたが、持っていなかった。そろそろアジュ・バイからの腹帯づくりに終着点がみえてきていたところであった。こんなチャンスはないと、「タァリィオの腹帯をつくってくれませんか？　その様子をみにきてもよい

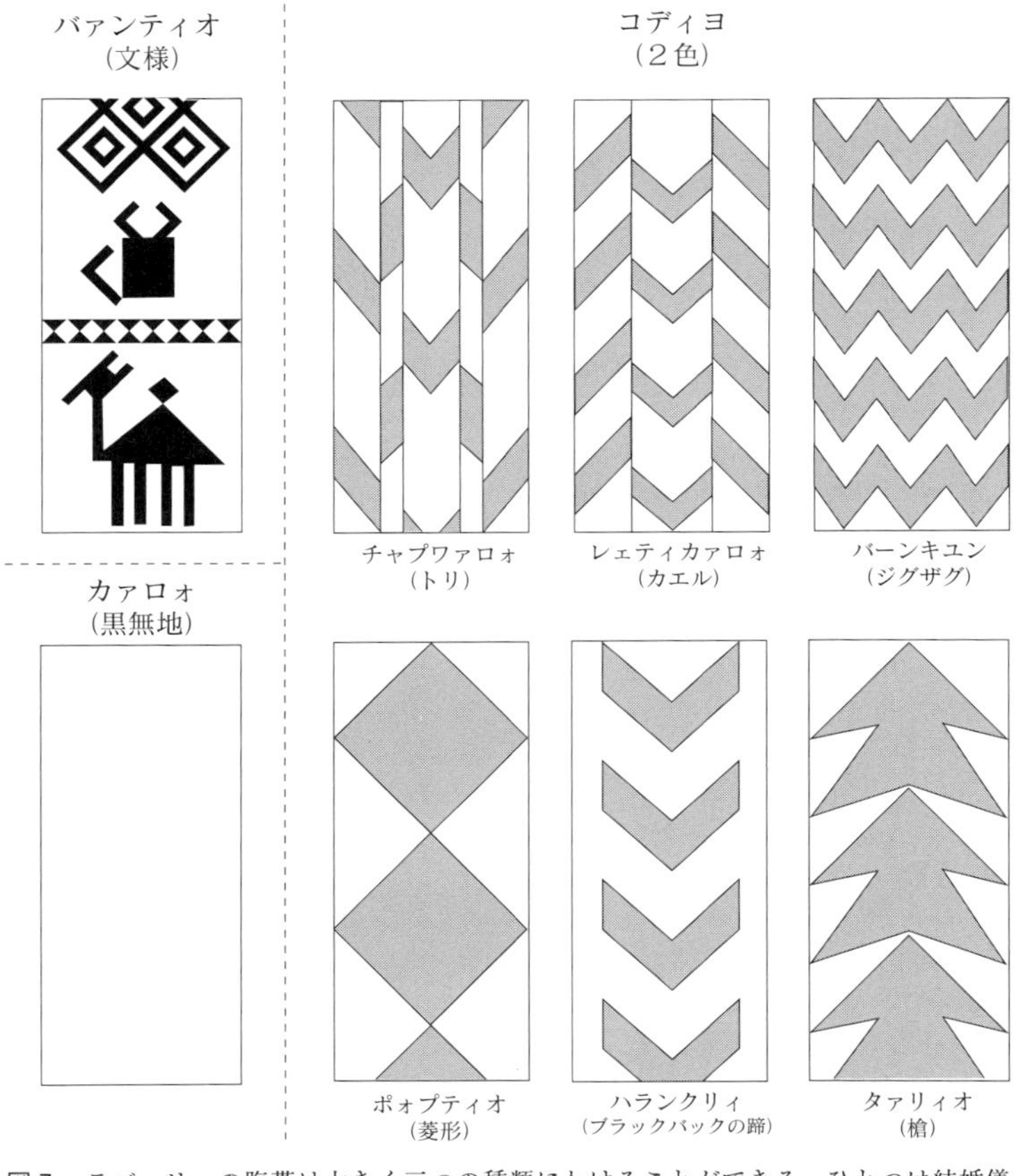

図７　ラバーリーの腹帯は大きく三つの種類にわけることができる。ひとつは結婚儀礼用の文様がほどこされたバァンティオ。ひとつは黒無地のカァロォ。もうひとつは、２色の文様表現によるコディョ。コディョには、トリやカエル、幾何学の文様がみられる。そのうち、槍とブラックバックの蹄の文様はソダ・ラージプートから移入したものといわれている。

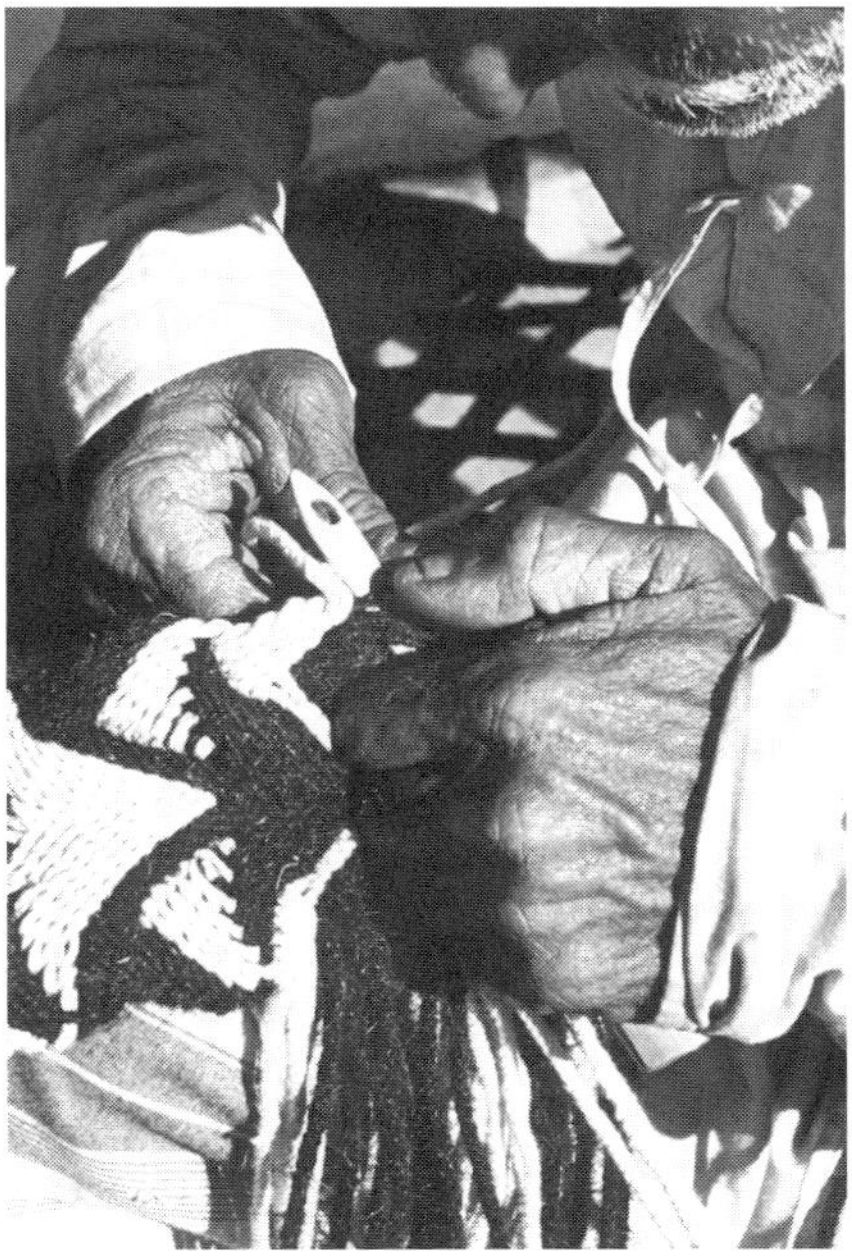

写真38　タァリィオ文様の腹帯づくり。黒色はヤギ毛、白色は木綿。ラバーリー男性の多くは市販の木綿紐を購入し、一旦、すべての撚りをほぐして１本の糸にする。そして、その糸をヤギ毛と同じ強撚糸になるように再度撚りかけをし、紐をつくる。このような作業にラバーリー男性のものづくりに対するこだわりをみることができる。

ですか？」と頼み込み、時々、彼の腹帯づくりも観察することとなった（写真38）。

自分の気持ちを伝えること

技術調査が順調に進んでゆくと焦りの気持ちが薄れていった。また、このころになると「一日ひとつ、目的が達成すればそれでよし」という規則を自分の中で決めた。つまり、欲張ってあれもこれもしなければいけないと思うと、結果的にどれもこれも中途半端となりストレスがたまってしまう。フィールドワークは相手がいて初めて成立する。その相手の都合によって思うように調査が進まないときは、なにか別の項目をひとつだけ探して、それができればよしとした。このように発想を変えてからは、フィールドでの気持ちが落ち着くようになっていった。

同時に、もうひとつ決まりをつくった。ラバーリーの人びと同様に、思っていることや考えていることを声に出して相手に積極的に伝えるようにしたのだ。実はこれが意外に難しい。フィールドワークをしていると私がここにいることで、彼らの生活は変わってしまったのではないか、と思うことがたびたびある。そのため、いくら「養女」になったといはいえ、時には遠慮をして、主張したいことも半分くらいは黙っていた。その一方で、そのような私の気遣いを理解して欲しい、気持ちを汲んで欲しいと勝手に期待していたのだ。

しかし、ラバーリー社会で生活をしてゆくと、自分の思っていることを主張することが、相手とのコミュニケーションの基本であることを学んだ。彼らは声に出して相手に伝えることが重要であると考えていたのだ。そのため、私もできるかぎり主張するように心がけた。すると、相手の反応も変化し、これまで抱いていた無遠慮に大きな声で話しかけてくるラバーリーの人びとに対する苛立ちの感情も解消されていった。

これは、腹帯づくりに通ったからこそ得ることができた見地なのかもしれない。ブジョディ村の女性たちは、これまで刺繍作業をしていた私が、急に他村へ腹帯づくりに出かけるようになったことが面白くない様子であった。

「もう、ブジョディ村には興味がないのか?」、「いままでのようにおしゃべりができないのは楽しくない」など、みな口々に文句を突きつけた。朝早く出かけ、へとへとになって日暮れに帰ってくるのだ。いままでのように、刺繍をしながらおしゃべりをする時間はなかった。

まるで理解できないと、主張する女性たちに、

「私は刺繍だけに興味があるのではなく、あなたたちラバーリーの人びとがつくりだすもの全てに興味があるのよ」と何度も答え続けた。そして、いかに糸紡ぎが大変か、腹帯づくりが重要な技術であるかなど、私が他村へ行く理由を積極的に話しかけた。

すると、面白いことに、これまでそのようなことを言ったことがなかった女性が、「私も紐をつくるわよ、作り方をみてみる?」、「小さいころに父親が糸紡ぎをしていたよ。腹帯もつくっていたわよ」などと声をかけてくれるようになり、当時の思い出を語る女性も現れた。

男性社会の手仕事を学ぶことによって、女性たちと男性の手仕事について話をする機会が生まれたのだ。また、そうすることで、女性の手仕事についても新たな発見があり、見落としていた部分もすくい上げることができるようになったのである。

新たな師を求めて

ヨルダンへの渡航をはさみ（次章参照）、二〇〇〇年と二〇〇一年、カッチ県と日本を行き来して、現地調査と博士論文の作成に時間を費やした。カッチ県では、ふたたびラバーリーの男性の手仕事に焦点をあてて、調査をすすめた。

聞きとりをまとめると、ラバーリーの男性が制作する放牧用具は、以下のものであった。ヤギやヒツジを繋げておく首輪（ガラヌ）、ラクダの手綱（モワリィ）、ラクダの足を縛る紐（ダマル）、無発酵のパン、チャパティーを入れてつり下げる紐（シーコー）、ミルクを運ぶ入れ物を天秤に吊るすための紐（ガラマヌ）、投石具（ゴッパン）、ラクダの腹帯（タング）、放牧用具を入れるバッグ（クルジー）、男性の腰ベルト（チェリヨ）、胴巻（ワーハーニー）、ラクダの乳当て袋（ハムギノワナァ）、ラクダの乳当て袋用太紐（ハムギー）、ラクダの乳当て用細帯（アハロティー）、放牧用袋（ダブリオワノゥ）である。

全ての制作技術を調査したいが、時間的制約がある。従って、興味を惹いた投石具とラクダの乳当て袋に対象を絞って技術を学びたいと、アジュ・バイに申し出た。

「私は腹帯専門だ。投石具と乳当て袋はつくらないよ。腹帯なら知っているすべての文様のつくり方を教えるけどね。でも何年もかかるだろうな」と、いつもの茶目っ気たっぷりの笑顔で答えてくれた。

腹帯をつくる技術があるなら他のものもつくれるのではないかと疑問に思い、さらに尋ねてみると、どうやらラバーリーの男性は自分の得意な放牧用具というものがあるらしい。

「自分の得意なものをつくればよいのさ。他のものは他に得意なやつがつくるだろう。それと交換したらいいさ。もし、交換できなければ、親戚や友人からもらえばいいだろ。そうさ、お互いに譲り合うのさ。私たちは、売るためにつくっているのではないからね」とあっさり答えるのであっ

写真39　ラバーリーの男性は糸紡ぎの際、ヴィディを腕に通しておこなう。ヴィディとは、繊維の方向を整えた原毛を、ゆるく撚りをかけながら束状にしたものを、幾重にも巻き留め、端と端を引っ掛けて輪状にしたものである。

た。

この「売るためにつくっているのではない」という言葉が、私の頭にこびりついた。後に、彼らがこのような放牧用具の制作技術を保持している理由もそこに帰着するとは、このころは思ってもいなかった。

ともかく、アジュ・バイはつくらないということなので、別の人に教えを請うしかない。アボが「ラクダの乳当て袋は、ラクダを飼っている人しかつくらないだろう。そうだな…サノサラ村へ行ってみるか」と提案した。

サノサラ村へ

サノサラ村は、ブジョディ村から西へ約六十キロメートル離れている。村には親戚もいるという。「どうかよい師に巡り会えますように」と祈りながらアボとともにバイクで向かった。村へ入ってゆくと、私の心は躍った。家々の軒先にラクダの毛でつくられたヴィディがいくつも掛けられていたのだ。ヴィディとは、アジュ・バイとの教授で糸紡ぎをおこなう際に、「なんと便利なものだろう」と衝撃を受けたものであった（写真39）。

ラバーリーの男性は、歩きながら糸紡ぎをおこなうため、糸にするための原毛を持ち歩かなければならない。ヴィディは、大量の原毛を束にして巻き留めたものであるため、これひとつを持っていれば、相当な量の糸を紡ぐことができる。また、輪状という形態から、紐を通してどこにでも引っ掛けることができ、移動生活には適した形態をしているのだ。

「こんなにもたくさんのヴィディがあるということは…。」期待で胸の鼓動が早くなるのを感じた。アボが親戚の家を訪ねた。家の奥から女性がでてきて、なにやら話をしている。聞くと、夫は移牧にでているという。私はこの村へ来た理由を彼女に伝えた。彼女は、

「夫は確かにラクダの乳当て袋をつくることができるわよ。でも、しばらく移牧から戻らないのよ。どうしようもないわね」と答えるのみであった。

サノサラ村は、ラクダを移牧している人びとが多く住む村で、雨が降らないこの時期は、比較的牧草が生えているバンニーと呼ばれるカッチ県北部の地域にでているのであった。

どうしようかと考え込むアボに、私はチャンスだと思い、「移牧先のバンニーを訪ねることはできないかな」と打診してみた。

男性社会の手仕事を調査しはじめてから、ラバーリーの移牧生活の調査にも着手したいと考えるようになっていたからだ。ラクダとともに移牧している生活とはいったいどういったものなのだろうか。調査拠点のブジョディ村は定住生活のため、日帰り放牧の様子はみることができたが、移牧生活については未知の世界であった。

「ジョコ！移牧は大変だぞ。野宿で家畜と一緒に寝起きして、飲み水は池や家畜用の貯水タンクだぞ。ダメだ。三日もすれば、病気になって寝込んでしまうぞ」

あまりの真剣さに驚いた。

「うーん、でも、移牧をしている人たちは、きっとさまざまなものづくりをしているかもしれない。どうしても、その現場に行ってみたいの」

ねばりにねばって、アボを説得した。

根負けしたアボはさきほどの女性に、だれか具体的な移牧先を知っている男性がいないかふたたび尋ねてくれた。

ラクダのミルクを飲む

「臭い！まずい！濃い‼」

これが、初めて飲んだラクダのミルクの感想だ。

「ジョコ！　もう一杯どうだ？　ラクダのミルクを飲めば元気になるぞ！」

写真40　生まれて初めて360度見渡すかぎり地平線の景色を体験した。ラバーリー男性は役畜としてのラクダの飼養をしている。ここに見えるのは１頭の種雄ラクダと雌ラクダ。雄の仔ラクダは２歳になると販売される。

満面のほほえみで、みなが私を見つめている。

その後、たまたま用事があって、サノサラ村へ戻っていた牧夫のひとりを探しだし、彼と一緒にバンニーへ向かい、移牧中の親戚に巡り会うことができたのだ。ここではラクダ約二百頭を牧夫七名で飼養している（写真40）。

小さいころから動物が好きだったこともあって、家畜特有の臭さはあまり気にならないほうだと思っていた。しかし、ラクダのミルクは想像以上であった。搾りたての生ぬるいままのミルクは、強烈な家畜臭がした。

移牧生活は、基本的に朝と昼はラクダのミルクしか飲まない。夕刻、宿営地にて、薄いパンを焼いて食べるだけである。移牧

写真41　乳当て袋を乳房につけた母ラクダ。瘤の前後と首もとには、乳当て袋を固定する細帯がみえる。

生活をするには、このラクダのミルクを飲めるようにならなければいけない。周りの牧夫に笑顔をみせながら、彼らが差し出すダブルと呼ばれる伝統的な真鍮製の容器いっぱいに入ったミルクを飲み干した。もちろん、しばらくはお腹を下した状態だったことはいうまでもない。

ラクダの乳当て袋

灼熱の陽射しの中、ラクダとともに歩き続ける。休憩時間はラクダのミルクの臭いとの闘いだ。夜はぐっと気温が下がり、薪で暖をとらなければ寝付くことができない。

しかし、このような状態を忘れてしまうほど、ラクダの乳当て袋の制作技術は興味深いものであった（写真41）。

牧夫にとってラクダのミルクは、朝昼の

写真42　搾乳は乳当て袋をはずし、仔ラクダに催乳をさせた後、退かして行う。牧夫が必要な量のミルクを確保した後、仔ラクダはふたたびミルクを飲むことができる。

貴重な飲み物である。そのため移牧中、仔ラクダが母ラクダのミルクを勝手に飲まないように、母ラクダの乳房に覆い被せる放牧用具乳当て袋である（写真42）。

　制作技術の詳細は前述した拙著にて紹介しているため、そちらをご覧いただきたいが、彼らの制作技術は既存の道具を一切使用せず、からだを織機として活用した織技術であった。この織技術が染織研究においていかに重要かといったことは、民族藝術学会第十七回大会（二〇〇一年）での研究発表にて、井関先生をはじめ会長（当時）の木村重信先生からのご指摘をうけた。

綜絖をもちいない織技術

ラバーリー男性によるラクダの乳当て袋づくりは、一見すると、単純な制作作業である。既存の

写真43　足の親指と膝に引っ掛けた紐がタテ糸保持具となる。その紐にタテ糸を平行に固定し、足の親指と膝と動かすことによってタテ糸に張力をあたえ、ヨコ紐を織り込んでゆく。

道具を使用せずに、足の親指と膝に紐を引っ掛けて、つくりあげるのだ（写真43）。この作業は、タテ糸を平行に並べて固定させる、均一な張力がタテ糸にかかっている、タテ糸に対してヨコ糸が垂直に交わっているということから、綜絖《そうこう》をもちいない織技術であると言える。

綜絖とは、製織の際に複数のタテ糸を一斉に動かしてヨコ糸を通すための道具である。この綜絖の発明が、製織の効率化を進めることとなったが、比較の対象として綜絖をともなわない織技術の事例は、世界のなかでもわずかしか報告されていない。そのため、ラバーリー男性のからだ機は、染織研究において重要な情報源になるのだ。

また、聞き取りをすすめるとラバーリー男性は、数多くの放牧用具の制作技術のなかで、からだ機をつかうものを「バリヨ」と呼び、それ以外の編技術を「グトヴォ」と明確に区別していた。そして、「バリヨ」とはどういった行為なのかを尋ねると、「ヨコ紐をタテ紐の上と下に通す」と説明するのであった。

売るためにつくるわけではない

どうして、このような織技術をラバーリーの男性たちは代々受け継いできたのであろうか。そこには牧畜文化の中で培われてきたと思われるいくつかの特徴がある。ひとつは、移動生活である。前述したように、ラバーリーの糸紡ぎ技術は、地面から小石を拾って、それを錘として使用する。もちいるものは小石と紡ぎ終えた糸をとめるための棒だけである。そして、糸紡ぎが終わると小石はふたたび地面へと捨てられる。

このようにその場で活用できる自然物を道具としてもちいることは、移牧生活のいたるところでみることができる。そして、織技術においても、一番身近にある手や足などの身体を巧みに駆使しているのだ。

また、ラバーリーのからだ機の特徴は、収縮性のある太紐をタテ糸保持具として適応させていることにある。強撚糸を手作業でさらに撚り合わせて、工業製撚糸とは異なる収縮性のある太紐をつくりだしている（写真44）。そして、この太紐の撚りの間に、タテ糸やヨコ糸を通してゆく。これは大変根気のいる作業である。

近年、多くの民族の織技術において、もちいる糸が工業製糸へと変わりつつある。この理由は、大量生産を目指した製品つくりの場合、手間暇のかかる糸つくり作業を省くため、手紡ぎ製糸ではなく工業製糸をもちいるようになるからである。

一方、ラバーリーの放牧用具は売るためではなく、自分たちで使用するためにつくられている。ラクダやヤギ飼養の副産物として産み出される獣毛繊維を移牧中に気長に紡ぎ続ける。糸紡ぎは歩きながらの作業が可能であり、長い移動時間は糸紡ぎに費やすことができるのである。そして、乳当て袋や放牧用袋はすり切れるまで使い続けて、破けた部分が目立つようになると、もう一度、紐や糸の状態にほぐして、新しい紐を加えながらふたたび利用される。ラバーリー男性のからだ機による織技術は、このような移牧生活での知恵によって支えられている。彼らの手工芸技術は、

写真44　一方を木の枝に結び留め、何本もの糸を寄り合わせた太紐に、さらに撚りをかけているところ。錘として石を活用している。

販売や大量生産を目的としないものづくりによって継承され続けているのである。

調査領域の限界

このような移牧生活における放牧用具づくりの調査は、ラバーリーのものづくりに対する知恵や工夫にどっぷり浸かることができ、とても魅力的なものであった。半月ほどすると初めはあれほど苦手だったラクダのミルクも、徐々に慣れ、お腹を下すこともなくなっていた。朝昼ラクダのミルクだけの生活に最初はお腹がすくのではないか、体力がもつのだろうかと不安であったが、意外にもお腹がすくこともなく、さらには喉も渇かないため、日中に水を飲む必要がなかったほどである。また、ラクダに草を食べさせることが移動の目的のため、一日四キロメートルほどしか歩かないことも、体力的にありがたかった。

この調子でゆけば、移牧生活の調査もできるかも、そう思っていた矢先であった。

アボから改めて話があると言われた。

「ジョコは予想外に野宿もラクダのミルクも大丈夫だったな。移牧生活に慣れてきただろう。このままずっと一緒にいたいことは理解している。でもな…やはり牧夫がジョコと一緒だと気をつかうので、できればもうそろそろ村へ一度帰ってくれないかと言っているのだよ」

移牧中、彼らが私に気を遣っていることは、重々感じていた。ラクダに蹴られないか、乾燥地帯特有の小枝の棘に刺さらないか、喉が渇いていないか、お腹がすいていないか、暑くないか、寒くないか。

ある時、とても寒い夜となった。明け方、身体の上になにかがのっていて重く息苦しくて目が覚めた。見てみると、寒いだろうと先に起きた牧夫が、それぞれの掛け布団代わりの肩掛けを私の上に何重にも掛けてくれていたのだ。彼らは寒そうにふるえながら、薪の周りに集まっていた。みなの心遣いをうれしく感じると同時に、気を遣ってもらうことを重荷に感じていた。

「身体を洗うときも用を足すときも、男たちだけの気楽さというものがあるのさ。わかるだろ？もちろん、時々は来て、一緒に移動するのはかまわないと言っているよ。ジョコが男だったらよかったけどな。どうだろうか、少し考えてみてくれないか」

これまでの長い調査生活で、アボが私に頼み事をすることはほとんどない。そんなアボが私に遠慮しながらお願いをしているのだ。言うとおりにするほかない。

その夜、ラクダの鳴き声と満天の星空がやけに印象的に感じて、一睡もできなかった。男性にしかできない調査領域があるのならば、女性にしかできない調査領域もきっとあるはずだ。納まりがつかない気持ちに対して、夜空を見上げて何度も何度もつぶやいた。

結局、長期での移牧生活に同行することは諦めるしかなかった。その後は、ラクダの毛刈りがある、ラクダのオークションがあるなどの情報を聞きつけては、一週間から十日間程度、移牧先に合流し、同行するという調査方法をとることにした。

第四章　調査地を離れて

ヨルダンへ

博士課程の最初の調査期間は一ヶ月と短いものになったが、これには理由がある。急遽、ヨルダンへ行くことになったからだ。

一九九九年夏、指導教授の井関先生から、「ヨルダンへ行かないか?」との打診を受けた。知り合いの方を通じて、ヨルダン在住の女性コレクターから、データベースを作成して欲しいとの依頼を受けたという。パレスチナの衣装を膨大に所有している彼女は、高齢のためコレクションを手放したいと言っているらしい。しかしそのためには、各資料に番号、資料名、寸法、由来などの情報を付随させる必要がある。

当時、大学院の博士課程一年生になったばかりで、カッチ県での調査準備をしていた。しかし、かねてより切望していた西アジアに行けるということで、ヨルダン行きを即決した。インドでの調査期間を短くし、帰国便はバンコクで乗り換えて、途中、ヨルダンを経由するスケジュールへと変更した。

ヨルダンには、牧畜を生業とするベドウィンと呼ばれる人びとがいる。彼らの手工芸技術をみてみたい。これは以前からの望みであった。フレイターによると、調査対象であるラバーリーは、「アラビア半島を出自としている」のだ。そのため、ヨルダンなどの西アジアで生活するベドウィンの人びとの手工芸技術を観察することは、ラバーリーの手工芸技術の特性を明らかにするためにも重要であると思われた。

依頼主からデータ作成をする人への条件がふたつあった。染織品を扱うことのできる知識と経験があること、パソコン入力できることのふたつであった。私はなんとか条件をクリアしている。しかし、一人では作業が大変なため、井関先生の工房で働いていた朝岡知子さんと二人で、二ヶ月をかけてデータ作成の仕事をすることとなった。

カワール・コレクションとの出会い

同年十月、私はインドからバンコクを経て、初めてヨルダンの地を踏んだ。コレクターは、パレスチナ出身のウィダード・カワールさんという女性であった。夫は海運業で財をなした人で、ヨルダンのアンマン市の高級住宅街に大きな邸宅をかまえていた。

初めてお会いしたカワールさんは、恰幅がよく、やさしい笑顔の持ち主であった。彼女は、ナブルスに生まれ、十二歳の時にベツレヘムへ移住した。彼女は南部パレスチナの織物の中心都市であったベツレヘムや、その後暮らしたラーマッラーでの経験から、色彩豊かな衣装のとりことなった。しかし、イスラエル建国後はパレスチナ難民としてヨルダンへ移住し、パレスチナの伝統文化が消滅してゆくことに心を痛めた彼女は、私費を投じて衣装の収集や保存を始めたのだった。さらに彼女は、欧米やアジアの国々で展覧会を開催するほか、執筆活動を通じてパレスチナの伝統文化の紹介につとめていた。

イスラエル建国後、パレスチナの村落文化は、難民キャンプ文化とでもいうものにとって変わってしまった。なかでも、衣装や衣装づくりを支える手工芸技術が消失した。彼女のコレクションは、一九四〇年代のパレスチナの女性衣装を中心に、装身具、敷物、食器など多岐にわたっていた。当時のパレスチナの衣装は消失していることが多いため、コレクションは大変貴重だ。このようなコレクションのデータ作成ができるよろこびを感じるとともに、二ヶ月でどこまで作業ができるか心配になった。

ともかく朝岡さんと一緒に、毎日カワールさんのお宅へ通って、コレクションの整理と資料情報を加える仕事をすることになった。

「若い女の子二人でホテル暮らしは危険だわ。いいところがあるのよ」

と言って、私たちをＡＣＯＲ（エーコール）へつれて行ってくれた。ＡＣＯＲは、American Center of Oriental Research の略で、ヨルダンのペトラ遺跡の研究を中心におこなっているアメリカの国立の研究センターであった。ＡＣＯＲは、カワールさんの自宅から車で十五分ほどのところにあった。彼女とセンター長は懇意の間柄で、「この女の子二人をよろしくね」と、私たちを紹介してくれた。

そして、

「ここには多くの研究者もいるし、図書館も宿泊施設もあるのよ。まかないをつくる料理人もいるので、二ヶ月滞在するにはホテルよりもいいわよ」

と言って、入居手続きをすべてとりしきってくれた。

カワールさんの言うとおり、ここでの二ヶ月は実に刺激的なものとなった。ヨルダン行きの段取りが十分にできないままインドへ行ってしまい、滞在先や条件などを確認する間もなかったが、ここを拠点にして、データ作成に従事する生活をすることになった。

翌日、カワールさんが手配してくれたドライバーの車に乗って、彼女の家へ行った。手入れのゆきとどいた中庭には、きれいな花が咲いていた。家の中へ入ると、まるでプライベート・ミュージアムのように、パレスチナをはじめとするヨルダンやシリアなどの手工芸品が品よく並べられていた。みるものすべてに感動している私たちを笑いながら、家の中を丁寧に案内してくれた。

そして、これから二ヶ月間過ごす、半地下になっている衣装の収蔵スペースにたどりついた。六畳ほどの部屋の中に、山のように積み上げられた衣装があった。簡単にたたまれただけの衣装には、仮番号がついているものや、ついていないものなど、その整理状態はまちまちであった。

私たちは思わず顔を見合わせた。ヨルダンへ来る前、データ作成の項目や作業のすすめ方は、一任すると言われていた。二ヶ月間で、これら膨大な衣装を整理してデータをつくることができるだろうか。不安が頭をよぎった。一方で、こんなにたくさんのパレスチナの衣装に触れることができるのかと思うと、興奮した。

写真45　パレスチナの衣装資料を広げる朝岡さん。形態の異なる衣装を記録することの難しさを日々感じていた。

データ作成の日々

まず、朝岡さんとともに、どのような流れでデータを作成するか、大枠を決めることとした。

はじめにコレクションを大きく分類した。衣装、装身具、敷物、クッション、皮革品、陶器、藁細工、銀細工、木工品、金工品にわけることができた。そして、まずは、大量にある衣装から作業にとりかかることにした。

ヨルダンでの一日は、次のような流れで過ぎていった。

起きるとＡＣＯＲの共同台所に行き、常備してあるパンやシリアル、牛乳やチーズ、フルーツなどをその日の気分で自由に組み合わせて朝食をとる。九時ごろ、迎えの車がＡＣＯＲまでやって来て私たちをカワール家まで送り届ける。作業は収蔵部屋の隣の広い部屋を使い、そこに衣装を広げて、写真撮影、採寸、資料番号付けをした（写真45）。一定の間隔でカワールさんが作業をのぞきに来るため、その時を狙って彼女から聞き取りをする。衣装の現地名や製作地、製作年、使用地、資料の由来やコレクション歴などをまとめて記録した。

十一時頃にお手伝いさんが、アラビアンコーヒーとビスケット類を運んで来る。それらをいただき小休止したのち、ふたたび作業を続け、十四時前に昼食となる。それまで私の中に、ヨルダン料理というものの具体的なイメージはまったくなかった。しかし、肉料理、魚介料理ともに、適度なニンニクの香りと、辛すぎない唐辛子、そして、ふんだんに使用されているオリーブオイルのこくと香りによって、私はヨルダン料理の虜となった。

昼食後にもふたたび作業を続け、十六時ごろには片付けをする。夕方以降は自由時間で、近所を散歩しながらスーパーに立ち寄ったり、ＡＣＯＲの図書館で関連文献などの渉猟をしたりして過ごした。

夕食はＡＣＯＲでまかないが用意されていたが、カワール家の昼食に比べると、あまり美味しくなかったため、スーパーで購入してきた食材で自炊をしたり、外食をしたりすることもあった。

夕食後は、ＡＣＯＲに滞在している研究者たちが、共同のリビングに集って、しばしの談笑を楽しむことが日常となっていた。このときは、バックギャモンが流行っており、小一時間ほどは、トーナメントのようにして対戦して盛り上がった。また、リビングにはテレビが一台あり、テレビ鑑賞をすることもあったが、ガザでのテロのニュースや、ハマスの活動などが映し出されると、話題はそこに集中した。中東研究者の議論を聞き、中東問題に理解を深めるよい機会となった。

このように私たちのデータ作成の日々は、恵まれた環境の中で、すすめることができた。

世界の衣装を計測するには

一方で、衣装のデータ作成には大きな困難がともなった。それは、採寸方法と撮影方法の基準がなかなか定まらなかったからである。

例えば、一枚の皿であれば、「直径×高さ」、敷物であれば、「タテ×ヨコ×厚み」といったように、測るべき部分がすぐに判断でき、その値も確実である。しかし、衣装はそうはゆかないのだ。

例えば、ブラウスやスカートを計測する場合には、どの部分を測るのが適しているのだろうか。ブラウスを平らに広げて置いて、その状態で「総丈×総幅」で計測することもできるだろう。しかし、衣装の多くは布でできているため、ブラウスにいくつものプリーツがある、ギャザースカートにタックが細かくとられているといった場合には、その部分をどの程度広げて置くかによって、「総丈×総幅」の寸法が変わってしまうのだ。このような場合、同じ衣装であっても、計測する人物が変わると、衣装の置いたときの状態が異なり、測るたびに計測サイズが微妙に異なってしまうのである。

もちろん、衣装に関する専門的な調査であれば、各部分を丁寧に計測し、パターンをおこして詳細な図にするということが一番確実である。しかし、このようなコレクションのデータ作成では、基礎的データをつくることを第一目的としており、短い時間で、効率よく計測するということを考慮するため、一枚一枚パターンをおこすということはできないのである。

パレスチナの女性衣装の特徴は、袖部分が三角形のように長く垂れ下がっているもの、身幅が極端に裾広がりしているものなど、地域ごとに異なった衣装形態をしていることである。私たちは一枚一枚形態の異なる衣装のどの部分をどのように計測するのか、さらに記録写真は衣装をどのような状態にして撮影するのか、といった点に頭を悩ませた。その結果、これといった基準軸をつくることができず、衣装を平らな状態で置いた場合の「総丈×総幅」で計測したのであった。

実は、衣装のデータ作成において、その採寸方法や撮影方法は確立されていない。これは世界の衣装が多様な形態をしていることから、その際のルールといったものを確立するのが困難なためだ。ヨルダンでのデータ作成に従事して以来、どのような衣装にも通用できるような簡易な採寸基準を導き出せないものかと考え続けていた。そして、話は最近になるが、ようやくひとつの基準を決めることができた。世界の異なる形態の衣装に対して共通するルールを決めたのであった。

例えば、ブラウスや上着、肌着、ワンピースなどは「ゆき丈×総丈」、袖のないドレスやベストは「脇下身幅×総丈」、巻きスカートやエプロン、ズボンなどは「腰幅×総丈」といったように、衣装に関する知識がない人が採寸したとしても、どこを測ればよいかすぐにわかる部分で、さらに、衣装をどのような状態で計測しても、同じ寸法になる部分を採用した（図8）。例えば、ワンピースであれば、スカートの開き具合によって、衣装の総幅が変化する。そのため、ワンピースを総幅で計測するということはあえてせずに、長さに変化が生じないゆき丈と総丈で計測するということだ。データ作成作業はその資料数が多ければ多いほど、労がいる仕事である。できるかぎり少ない計測数で効率的な作業をする必要がある。

そして、この計測ルールを、監修した『世界のかわいい民族衣装』（二〇一三年、誠文堂新光社）で試してみた。ここでは、世界各地の衣装を約七十点とりあげて紹介するとともに、サイズ表記もおこなった。多くの衣装は、このルールで計測することが可能であった。一方、これらに該当しない例外の衣装もでてきた。それらはサイズの後に説明をする必要はあったものの、おおむねこの手法が通用することを確認できた。

1. ゆき丈×総丈

ブラウス、上衣、ワンピース、
貫頭衣など

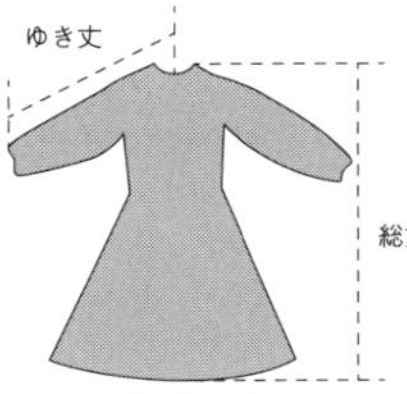

ワンピース

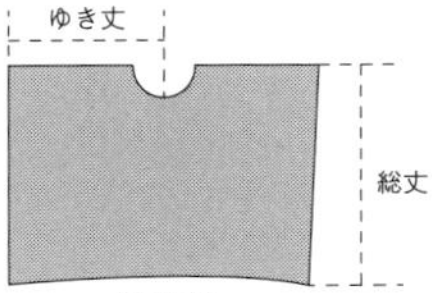

貫頭衣

2. 脇下身幅×総丈

ドレス（袖なし）、ベストなど

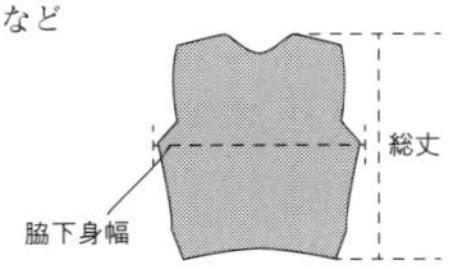

ベスト

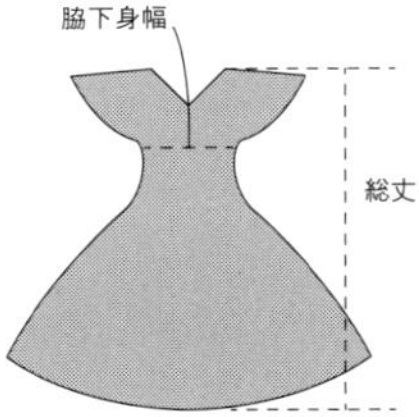

ドレス（袖なし）

3. 腰幅×総丈

エプロン、スカート、前掛け、
ズボンなど

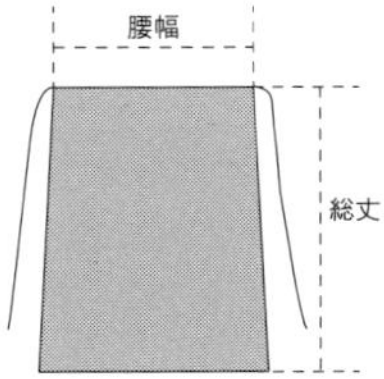

エプロン

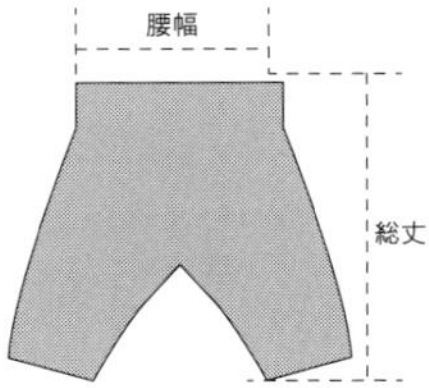

ズボン

図8　衣装の簡易データの計測方法

4. タテ×ヨコ（一枚布）

タテ：布地のタテ糸の長さ
ヨコ：織幅
肩掛け布、巻衣など

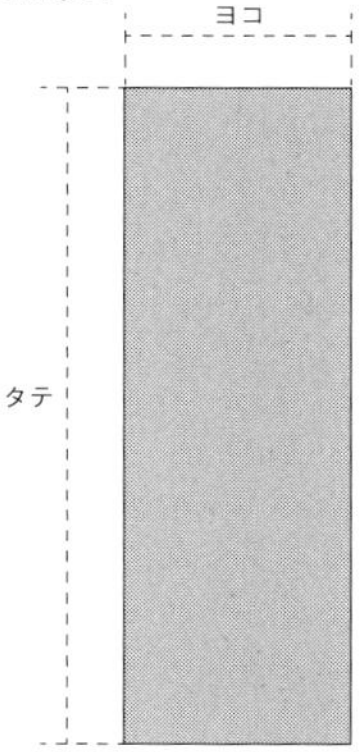

肩掛け布

5. 幅×全長

幅：開け口の幅
小袋、財布など

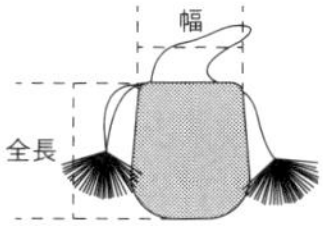

小袋

6. 胴囲（全周）×総丈

腰衣など

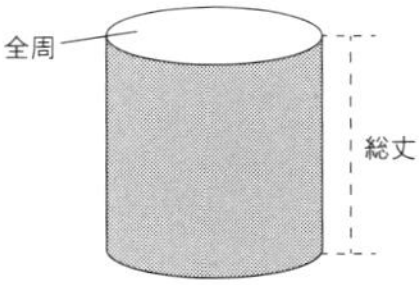

腰衣

7. かぶり口×高さ

帽子、かぶりものなど

帽子

8. 太さ×全周

ネックレスなど

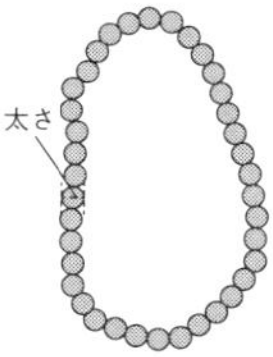

ネックレス

9. 幅×全長

幅：一番狭い部分
手袋など

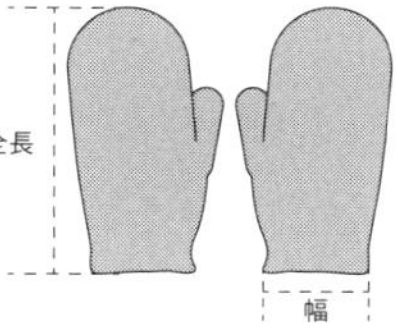

手袋

10. タテ×ヨコ×（高さ）

靴、装身具など

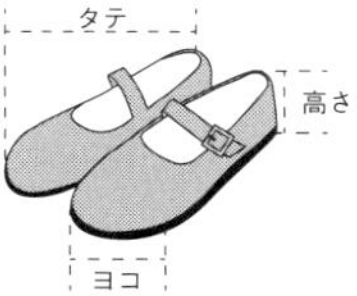

靴

資料の情報を読みとる

ヨルダンでのデータ作成で、私たちはおおよそ一五〇〇点のパレスチナの資料に触れることになった。コレクターのカワールさんと、衣装の形態や素材、着用者について現物を目の前に直に手で触れながら話をすることができたのは、意義のある修練の場となった。目の前のものの情報を読み取り記録をする。一見簡単そうな作業だが、微妙な衣装形態の違いや、素材の見極め方などを学ぶ良い機会となった。そして、私自身の眼を鍛える場ともなった。

またこの機会から、データベースを作成するということにも興味を持つようになった。調査地で染織資料を収集する際に、どのような項目を現地で聞き取る必要があるのだろうか。資料にまつわるインタビューは別として、基礎的項目がどれだけ必要か考えてみた。

収集する目的、資料の性格によって過不足があるかもしれないが、ここにざっと項目を挙げてみた。このまま拡大コピーをして使用できる形式とした（150・151頁図9参照）。

ラバーリーと比較する

また、しばらくするとカワールさんより「せっかくヨルダンまで来たのだから、休みの日を活用してアンマン市以外の周辺の地域をまわってみるといいわよ」との提案があった。カワールさんは、データ作成がもっとすすまないだろうと思っていたらしく、「予想していたよりも、あなたたちがてきぱきと作業をしてくれているからね。これだけすすんでいたら、連休をとっても大丈夫ね」と遠出をすすめてくれた。

これは私にとって、またとない申し出であった。念願だったヨルダンの牧畜を生業とするベドウィンの生活をみることができるからだ。私は朝岡さんとともに、休みのたびにヨルダン、シリア、イスラエルなどあちこちへとでかけた。イスラエルには十二月に訪れた。ミレニアムを聖地で過ごそうとしている人びとで町中ごったがえしていたが、中東和平の成立に向けてアラファト議長が和平交渉をしている時期であったため、比較的治安がよかった。こういった時期に、三大宗教の聖地を訪れることができたのは、ヒンドゥー世界にどっぷり浸っていた当時の私にとって視野を広げることができ幸運であった。

さらにラクダやヤギ、ヒツジの放牧をしているベドウィンの生活を垣間見たことは、とても大きな収穫であった。

同じようにラクダやヤギ、ヒツジを飼養しているベドウィンと、これまで調査してきたラバーリーの糸紡ぎ、編み技術、織り技術を比較観察することができたのだ。

ベドウィンがラクダの毛利用をしていないこと、ラクダの腹帯はラバーリーと異なり皮革製品を多くもちいていること、女性によるヤギ毛の糸紡ぎ作業、ヤギ毛をつかった振り分け袋や放牧用テントの織技術を観察できたこと、細帯などの編技術がラバーリーのプライスプリットとは異なり比較的強度が弱いことなど、詳細な技術記録をとる時間はなかったが、俯瞰的な技術観察によってラバーリー男性の手仕事を客観的な視点でとらえるきっかけを得ることができたのだ。

由来			
使用者／民族名			
使用地			
使用目的			
入手メモ			
修復歴			
参考文献			
収蔵番号		収蔵日	
収蔵場所			

＊拡大コピーをして使用できます（115%→ A4）

図 9　資料情報の項目

整理番号		記入日	
名称			
現地名			
サイズ			
国名／地域名			
地域名			
村名			
製作者			
製作年代			
製作目的			
主な製作技術			
主な素材			
主な色			

第五章　震災によって変わる調査地

地震が起きた

それは、朝、突然起こった。調査地でバッチ・バビや村の女性たちと家の軒先でおしゃべりをしているときのことだった。地面がぐらぐらと揺れ始め、立っていることさえできないほどの縦揺れが私を襲った。目の前の家があっという間に崩れるなか、なすすべもなく、ただ、隣にいたバッチ・バビと抱き合ってうずくまっているだけであった。

揺れがおさまり周りをみわたすと、半分以上の家屋が崩れ、瓦礫の山となっていた。村人が、次々に家の中から飛び出し、大声で叫んでいる。地震が起きたのだと頭の中で理解するまでに、こんなに時間がかかるものなのであろうか。初めてのそして突然の出来事に、思考回路は完全にとまっていた。

二〇〇一年一月二十六日午前八時四十六分。マグニチュード七・七、震源の深さ約十六キロメートルの内陸地殻内地震が、グジャラート州を襲った。震源地は、調査拠点ブジョディ村からわずか七十キロメートルの場所であった。

「子どもたちが家の中にいる！」

揺れがおさまると、バッチ・バビが悲鳴にも近い声で叫びながら自宅へ走って行った。追いかけるように私と両親も急いでバッチ・バビの家へ向かった。

彼女の家は全壊していた。瓦礫の山と化した家の前で、彼女は息子と娘の名前を叫びながら泣いていた。家の中には、二歳になる彼女の息子と生後半年の娘が寝ていたのだ。

「あぁ、ダメだ、きっと」

私は崩壊の惨状をみて、彼らは助からないだろうと覚悟した。

両親が瓦礫をかき分け、家の中へ入っていった。私とバッチ・バビは家の前で抱き合い、子どもたちの名前を叫びながら、なすすべもなく泣いていた。しばらくして瓦礫の中から、両親が二人の子どもを抱えて、砂まみれになってでてきた。バッチ・バビの夫は仕事をほとんどせず、朝寝坊で時にはお昼ちかくまで寝ていることもあった。そんな彼はやはり今日も息子の横で寝ていたのだ。大きな揺れを感じ、とっさに二人の上にうつぶせになって覆い被さったのであった。幸運にも、その場所は崩れた梁と梁の隙間にできた空間だった。私とバッチ・バビは、夫と子どもたちの無事を確認し、今度はうれし涙で泣きじゃくった。

その後、断続的に余震が続くなか、村の入り口の広場まで移動した。そこには女性たちが、お互いの身体を抱え合いながら大勢座っていた。彼女たちは何度も「シタ・ラーム、シタ・ラーム」と、ヒンドゥーの神様の名前を繰りかえしていた。幾度も強い余震が私たちを襲った。そのたびに女性たちは悲鳴や鳴き声をあげながら、ただお互い抱き合うだけであった。

帰国できない

本来なら飛行機で調査地を離れる日であった。帰国するための国際便へ乗り継ぐため、ブジの空港から午後の便でムンバイへと向かう予定であった。

「どうしよう、帰国できないかもしれない」

そう思った矢先に、アボが村のリクシャーの運転手をつれて来てくれた。アボは運転手に、私が国際線へ乗り継がなければいけないことを説明し、頼み込んでくれたのであった。運転手は以前からの顔見知りということもあり、混乱の最中にも関わらずブジの空港まで送ってくれることになった。「これだけ揺れたのだから、きっと、飛行機は飛んでいないだろう」。そう思ったが、村にいても地震に関する情報がまったくないため、とりあえず正確な情報を求めて町にでようと、スーツケースとともにリクシャーにとびのった。

予想通り、空港は閉鎖されていた。私は地震の情報を得るために、ブジの中で一番大きなホテルへと向かった。空港からホテルまでの風景は悲惨であった。多くの家が崩壊し、倒れている人、怪我をしている人、泣き叫ぶ人などで道は溢れていた。

ホテルにつくと幸運にもそこに宿泊していた日本人女性に出会うことができた。彼女は染織品のバイヤーで、ちょうど前日、調査地ですれちがっていた。彼女は私とほぼ初対面だったにも関わらず、ホテルの人に「彼女は私の知り合いです。水や食糧をわたしてあげてください」と言ってくれた。ホテルには数名の外国人、インド国内の旅行者が泊まっていた。

街中でも、地震に関する情報がまったくつかめなかった。人生で初めての大震災を経験した地元の人びとは、

「アメリカで地震があって、世界中が揺れた」

「パキスタンが地震を起こす機械で地盤を揺らした」

など彼らは根も葉もない憶測を口にし始めていた。何度も襲う余震のなか、私と彼女はこれからどうすべきかを話し合った。困ったことは、震源地がどこかまったくわからないことであった。ここカッチ県は、インドとパキスタンとの国境に位置している。西へ避難しようにも国境があるため不可能である。東へ四百キロメートル行くと、アフマダーバードというグジャラート州最大都市があり、空港もある。そちらへ行くべきなのか。しかし、震源地がそちら側であれば、アフマダーバードにたどりつくことができず、立ち往生してしまうかもしれない。また、通常であれば、アフマダーバードへは、タクシーをチャーターすれば、八時間程度で到着するが、このような状態のなかでは、ドライバーや車を確保することは困難だろう。

鉄筋コンクリート造りのホテルの一部に、ひびが入っており、倒壊の危険があった。宿泊客の外国人が、ホテルの中は危ないので、どこか広場の避難所まで行こうというので同行した。しかし、人びとで溢れかえる広場の物々しさをみて、私と日本人女性とは、暴動でも起きるのではないかと身の危険を感じて、ふたたびホテルへ戻った。

何も情報を得ることができないまま、日は暮れてしまった。一月末のカッチ県の気候は、日中は

二十五度と暖かいが、乾燥地帯であることから夜になると十度近くまで急速に気温が下がる。ホテルの中は危険ではあるが、外で一夜を過ごすには寒すぎる。私たちは、何かあればすぐに外にでることのできる、ロビーで一夜を過ごすことにした。表の通りには全壊した家の前で、薪を燃やして暖を取っている人たちが大勢いた。

私たちは、ロビーに座って、夜が明けるのをまっていた。不定期に大きな揺れの余震が起こった。その度に、大慌てで外へ飛び出し、暖を取る人びとと一緒に炎のまわりを囲んだ。ホテル側から宿泊客に毛布が配られたが、それを羽織っても、外は寒くて震えがとまらない。しばらくして余震がおさまるとふたたびロビーへ戻るのだが、またすぐに余震があり、急いで外にでる。人生で初めて、恐怖と寒さで身体の震えがとまらないという経験をした。

ブジから避難する

深夜、ドイツ人夫妻が、ホテルへやって来た。聞けば、アフマダーバード在住で、休暇を利用して観光をするためにカッチ県を訪れたという。彼らは、途中、車内で激しい揺れを感じたが、もともと舗装されていない道路が多く、それによる揺れかと思い、街に辿り着くまで地震に気がつかなかったという。また、車窓から家が崩壊している様子もみえたが、道中に多くの建設途中の家があり、その風景と印象がそう変わらなかったため、ブジまで来てしまったらしい。

そんな彼らと会って、私と日本人女性は考えていることが一緒だった。彼らはランドクルーザーに乗って来ている。きっと、スペースがあるはずだ。なんとしても、彼らの車に同乗させてもらおう。

ドイツ人夫妻にこれからどうするのかと尋ねた。彼らは、アフマダーバードの自宅が気になるので、今すぐ引き返すと言った。私たちはすがる思いで同乗させてもらえないか尋ねようとした。すると、彼らの方から「もしよかったら、一緒にアフマダーバードまで行きませんか」と言ってくださったのだ。そして、夜明けとともに、一緒にアフマダーバードへ向かうことを約束した。避難せずに、ホテルにいてよかったとつくづく思った。幸運にも被災一日目にして、避難するための車を確保することができた。震源地はまだわからないものの、こうしてアフマダーバードまでの足が確保できたのだ。とりあえず、行けるところまで行ってみることにした。

それから、時間はかかったもののなんとかアフマダーバードにたどりつくことができ、飛行機でデリーへ行き、無事に帰国することができたのである。

このようにめったにない出来事を体験した私であるが、その後、被災した時の様子を人に聞かれても、詳しく説明することを避けてきた。

被災した直後、私はすぐにブジに向かって調査村を離れた。それからデリーへ移動し、帰国便をまつ数日間、テレビや新聞で報道されるカッチ県の被災の状況をみることとなった。その惨状を目にするたびに、結果として、別れの挨拶もままならず、自分だけ被災地を後にしたことに、後ろめたさを感じていたのだった。なぜだか村を見捨ててしまった気分になったのだ。また、調査地で、まるで彼らの家族のようにふるまっていたが、ひとたびこのような非常時になると、帰る場所のある私と彼らとの距離感がつかめなくなり、落ち込んでしまったのだ。

一方、日本では帰国の飛行機に搭乗していないことが明らかとなり、大騒ぎになっていた。そして、多くの方々が、安否確認のために動いてくださったという。両親や当時の指導教員の井関先生、友人や大学院の先輩たちが、できるかぎりのネットワークをもちいて、私の安否確認のために奔走してくださったことを帰国後、知ることになった。いろいろな人びとにご心配やご迷惑をおかけしたことに、もうしわけない気持ちや、情けない気持ちなどが入り交じり、複雑な気持ちのまま、当時の詳細についての話をすることを避けてきたのである。

さらに、インド政府の発表によると、この大地震で亡くなったのは約二万人、負傷者は十六万六〇〇〇人だという。これからのカッチ県はどうなるのだろうか。私が暮らした村や訪れた村々、そこに住む人びとはどうなっているのだろうか。そんな思いが混じり合い、気持ちの整理もつかぬまま簡単に口を開くことはできなかった。

タンクトップを身に着ける

その後、博士論文を提出したのち、二〇〇三年にカッチ県を再訪することになった。震災後、初めて調査地を訪れたのだ。覚悟はしていたものの、予想以上に調査地は変わっていた。一番に目を惹いたのは、女性たちの衣装の変化であった。

これまで調査中、私はうつぶせに寝転がる癖があった。寝る、本を読む、キーボードを打つ。フィールド先でも、昼寝の時についついうつぶせになって寝ていることがあった。すると、「こら！　なんて姿勢で寝ているの‼」と、女性たちから叱られるのだ。ラバーリー女性にとって、うつぶせで寝ることは、決して人前ではしてはいけない慣習のひとつなのである。

その理由は衣装形態にある。第一章で述べたように、ラバーリーの女性上衣は背中が空いている。うつぶせに寝転がると、被り布がはだけてしまい背中があらわになる。そのため、このような姿勢を女性がすることは行儀が悪いとされ、ラバーリー社会では避けられている。

ところが震災後、調査地を訪れると、若い女性の多くが上衣の下着としてタンクトップを着ているのである。彼女たちに理由を尋ねると、さきほどまで「今日も暑いね」と会話していたにも関わらず、「寒いから」と、みな口をそろえて答えるのだ。バッチ・バビに尋ねても、なんとなく答えをはぐらかされるのであった。

ある時、バッチ・バビの生家を訪れる機会があった。私は彼女の母親に、娘がタンクトップを着ている理由について尋ねた。すると、次のように答えたのであった。

「あなたも知っているように、ブジョディ村では、震災復興が盛んにおこなわれているでしょう。新しい家が次々と建ち、その家を建てるため、村には外部から多くの労働者がやって来る。娘はどうやら、そういった男の人たちの視線が気になっているらしいの」。

比較的、町に近く物資を運びやすいブジョディ村では、震災後、復興に向けて新しい家が次々と建てられていた。以前であれば、村落内には、野菜売りや雑貨の行商など、観光客をのぞくとほとんど顔なじみの人びとしか来なかった。

確かに、これまでも若い女性の被り布が家事や育児の最中にはらりと落ちる場面に遭遇したことがある。あらわになった背中をみて、女性の私でもときおり、どきっとすることがあった。まして、外部の男性ならば言うまでもない。以前から若い女性のなかには、背中が空いている衣装形態に抵抗を感じ、上衣の下にタンクトップを着る人もいた。ただし、非常に稀であり、そのような女性をみかけることは少なかった。

震災後にみられるようになったタンクトップの着用は、外部の男性の視線がきっかけとなり、その後、若い女性の間で一気に流行したと思われる。また、女性たちがタンクトップの着用理由を答えなかったのは、そういった男性の視線を意識していることを、他の人に言うことも恥じているためであろう。

もともと上衣は、ブラジャーとブラウスが一体化した形態のため、女性ひとりひとりが、自分の身体の寸法に合わせて縫製をしていた。しかし、タンクトップを着用することによって衣装の縫製デザインも変化した。これまでのぴったりとした衣装形態から、全体的にゆったりとした縫製デザインになったのであった。そして、「どうせ下にタンクトップを着るから」と言って、大まかな寸法を親戚や友人に伝えて、縫製の依頼をする若い女性たちが増えてきている。

衣装には流行がつきものだが、震災という自然災害の副次的な作用として、外部の男性の視線にさらされ、新たな衣装形態が流行ったのであった。

家屋の変化

震災後、大きく変化したのが住居形態である。もともとラバーリーの住居は、素焼きの煉瓦の壁と、木材の梁、藁葺きの屋根といった簡易なものであった（写真46）。壁と床は、家畜の糞と土を混ぜて泥状にしたもので塗り固め、さらに石灰を壁に塗っている。出入り口と小さな窓の他には一切開口部が設けられていないのは、灼熱の太陽の陽射しを、室内に入れないための工夫である。暑い日に室内に入ると、泥で塗り固められた床がひんやりとして、涼しくなるような構造となっている。また、科学的な根拠はわからないが、この家畜の糞が混ざった泥を塗ると蚊が近寄らないとラバーリーの人びとはいう。

さらにラバーリー女性は、この泥をもちいて室内の壁に装飾をほどこす。レリーフ状に泥を盛り上げながら、草花やクジャク、オウムなどの動物などを巧みに表現する（写真47）。その際に、三角や四角に成形した鏡片も泥にはめこむ。彼らは夜になると、灯油ランプひとつで過ごすが、その灯りが壁面にうめこまれた鏡に乱反射して、室内全体を明るくする効果を持っている。

近年は、政府の定住化政策によって、素焼き煉瓦の壁と、木材の梁、藁葺きの屋根でなく素焼きの瓦といった形態の住居に住んでいるラバーリーの人びともいる。こういった形態の室内でも、女性たちは、床と室内の壁は家畜の糞と泥を混ぜたもので塗り固め、室内装飾をほどこしている。

写真46　一部屋で構成されているラバーリーの家屋。入り口から左側に小さな炉があり、炊事ができるようになっている。左側に小さな煙りだしの窓がみえる。

写真47　壁面装飾を新たにほどこそうとしているナッティ・ダディ。泥と石灰によるレリーフ状の文様には、扇やクジャク、マンゴーの木などの吉祥文様が表現されている。

しかし、この家屋は地震に弱かった（写真48）。インド西部大地震によって村落の多くの家が崩壊した理由は、このような住居形態であったためである。震災後、インド政府や海外の政府、各団体などが人的支援、救援物資、援助金などさまざまな形で復興への支援をした。その中のひとつに、耐震性を高めた、鉄筋コンクリートつくりの家を建てるというものがあった。調査村の家屋も床と壁がコンクリートによって塗り固められ、天井に大きな扇風機がつけられることとなった（写真49）。一見すると、耐震性もあり、機能的にみえるこの家は、暑い時期になると、周囲の熱を吸収してコンクリートも熱くなり、以前のようなひんやりとした床ではなくなってしまった。また、コンクリート製の壁では、泥が壁と密着することができず、ずり落ちてしまうため、以前のような泥をもちいた壁面装飾をほどこすこともできなくなってしまった。

この地域では、暑い日中をやり過ごすため、昼食後の十二時から十四時ごろまで、ほとんどの人が昼寝をする習慣があった。私も調査の合間に、ひんやりとした泥で塗り固められた床で昼寝するのが大好きだった。また経済的に余裕のある家は、床を大理石にしていたため、これも涼しさを感じて気持ちがよかった。しかし、コンクリートの床はそうはいかない。外気をとりこんだコンクリート製の床は、ぬる温かく不快であった。また各戸の天井にはインドではおなじみの大型扇風機が取りつけられたが、停電の多いこの地域ではまるで役にたたなかった。

写真48　震災後、２年間放置されたままのラバーリー家屋。正面奥の壁面には、石灰がはげ落ちた文様装飾が残っている。

写真49　補助金によって建てられたコンクリート製の家屋。耐震を優先させた結果、ラバーリーの手工芸文化のひとつであった壁面装飾が失われることとなった。

初めてのマラリア

この時の調査では、以前に比べて、昼寝の際に蚊にさされることが多かった。同じ村の人びとも蚊にさされる機会が増えたという。これには考えられる原因がふたつあった。ひとつは、震災復興のひとつとして、政府が各戸に水道管を通して蛇口を設置したことである。それまでは、集落の中に井戸が点在しており、毎朝水汲みをして、各戸まで運ばなければいけなかった。これは女性と子どもの仕事で、家事労働の大きな負担となっていたため、水道開通は便利になったかと思われた。たしかに、水汲みの負担は軽減した。しかし、水道開通には大きな欠陥があったのだ。水道を引いたはいいものの、排水の設備が整っておらず、蛇口の周りには、大きな水たまりが一日中できることとなった。そして、それは溜まったまま腐り、蚊の発生源となっていた。もうひとつは、壁面と床が(蚊を寄せつけないとされる)家畜の糞と泥によるものではなく、コンクリート製になったことである。このふたつの要因がかさなって、村人は蚊にさされる機会が増えたと考えられる。

ある日のことである。突然、頭がくらくらし、熱がでてしまった。風邪でもひいたかと思い、しばらく休んでみると熱は下がった。もうしばらく休めば治るだろうと思い横になっていると、ふたたび熱がでて、身体の関節が痛くなった。村には医者がいないため、診察してもらうには町まででなければいけない。しばらく様子をみようと休んでいたが、この状態が二日間続いた。

やはりいつもの風邪とは違う。そう確信し、滞在先の両親とリクシャーで町の病院へ行った。家をでるとき、寝込んでいることを心配した村の人たちが玄関に集まっていた。挨拶することができ

ないほど、頭がくらくらし、倒れ込むようにリクシャーにのった。町の病院で診察と血液検査をした結果、

「マラリアですね。毎日通って注射を打って、一日二リットルの水とオレンジジュースを飲めば、三日で治りますよ」と医者に言われた。

調査を始めて六年目、初めてマラリアにかかったのだ。どうりで熱はおさまらず、体中が痛かったわけだ。とりあえず、原因がわかりホッとするも初めてのマラリアに治るのだろうかとも不安になっていた。

両親とともに家に戻ると、家の前には多くの村人がいた。私が倒れて病院へ行ったとでも聞きつけたのだろうか、みなが心配そうにみている。こんなに心配してくれた人びとの気持ちに胸が熱くなり、気弱になっていたせいもあってか、思わず涙を流しそうになった。

ところがアボが、「ジョコは、マラリアだったよ」と、みなに言った瞬間、集まっていた村人は、「なんだ、マラリアか」、「もっと大病かと思った」、「大丈夫だな」などを口にしながら感激して涙をためていた私を置いて三々五々に散っていってしまった。この地域では、マラリアは小さいころからかかっている風邪のようなものなのだ。

医者が言った通り、それから三日間、毎日おしりに大きな注射を打たれながら、順調に回復していった。

震災後、私のようにマラリアになる子どもたちが急増したと、村の母親たちは口をそろえて言っ

ていた。排水設備を整えることなく、水道を開通させるというバランスを欠いた援助のせいだろう。同時に、援助によって建てられた新たな形態の家屋によって、女性たちの壁面装飾も失われることとなったのである。

観光客によって生み出される文様

ワンカルによる織物、ラバーリーによる刺繍は観光客にとって魅力的であり、カッチ県の観光ルートにブジョディ村が入っていることはすでに述べてきた。実はもうひとつの目玉が、このラバーリーによる壁面装飾であった。観光客は、家屋の中に広がる文様表現に魅了されていた。しかし震災後、ブジョディ村では家屋の変化によって、壁面装飾が皆無にひとしくなった。そのようななか、ラバーリーの女性の中には、壁面装飾を見たいという観光客の要望に応じて、商品としての壁面装飾をつくる人びともあらわれた。それは、持ち運びのできる矩形の中に壁面装飾を表現したものであった。製作技術は、壁面装飾と同様に家畜の糞と泥を混ぜて、石灰を上から塗って、レリーフ状にしたものであった（写真50）。

これまでと同様の文様表現がある一方、観光客の要求に応じて生み出された新たな文様もある。例えば、ヒンドゥーの神ガネーシャだ（写真51）。元来、ラバーリーの人びとは、神を文様化することがない。そのため女性たちはこれまでみたことのあるガネーシャの姿をもとに、新たな文様を生み出したのである。しかしこの文様には、ラバーリー特有の幾何学形をもちいて極限までに抽象

写真50　木枠の中に表現された吉祥を意味するマンゴーの木。これから石灰を上に塗る。これまでの壁面装飾と同様の文様表現がされている。

写真51　ゾウの頭に人間の身体といったヒンドゥーの神ガネーシャの姿は、インド国内だけでなく海外の観光客にも人気がある。右側手前が新しく生み出されたガネーシャの文様。天地を逆にするとゾウの頭と人間の身体をみてとれる。

化した時のような、豊かな表現力を見いだすことができないのである。これはいったい、どうしてなのであろうか。

自転車や猫を文様化する

ラバーリーの文様のモチーフとなるものは、第一章でも述べたよう身近にある草花や動物である。しかし、どのようなモチーフでも文様化しているのではない。彼らにとって身近であるはずのヒツジやヤギなどは文様となっていない。それは、ラバーリーの人びとにとって文様は、ただ描くものではなく、その文様のモチーフに付随する豊壌や愛、強さ、力など吉祥につながるものを具現化しているからなのである。

そのため、身近にあっても吉祥に由来しないモチーフは具現化されないのだ。これは、文様表現がほどこされた刺繍布や入れ墨、装身具が、儀礼などにおいて着用者の吉祥を願う、花嫁や幼児などに対して邪視に魅入られないような護符としての役割がラバーリー社会にあるためである。

一方で、すでに述べたようにラバーリーの女性たちは、これまで伝承されてきた吉祥文様とは関係のない、自転車や猫といった新たな文様の創造もおこなっている。例えば自転車をみてみるとラバーリーの人びとは、ハンドル部分や車軸の直線部分などを文様化したと考えられる（図10）。また猫をみてみると、猫のひげや尖った爪、ゆらゆらとゆれる尻尾、小さい鼻、小さい前歯などを具現化していると推察できる（図11）。

図10　ラバーリーの文様（自転車）

図11　ラバーリーの文様（猫）

図12　ラバーリーの文様（ゆりかご）

図13　ラバーリーの文様（恥じらう少女）

ラバーリーにとって自転車は最近のものであり、猫はヒンドゥーでは忌み嫌われる動物であるが、儀礼用ではなく日常用として、吉祥とはまったく関係がないが、造形物の対象として興味をもち、文様化を試みたと考えられる。

新しい文様の創造プロセス

この新しい文様化のプロセスに注目してみよう。彼女たちは視覚から得た情報やイメージをもとに、まず対象物を幾何学形に変換していることがわかる。そして、それをさらに抽象化しているのだ。その際に注目すべき点は、これまで伝承してきた文様が基盤となっていることである。

例えば、自転車であれば、伝統的に継承されてきたゆりかごの文様の構成に類似している（図12）。また、嫌われる存在である猫は、「恥じらう少女」という少女が囲いのなかに閉じこまっている文様構成に酷似している（図13）。

そこには、女性自身の感性にもとづいた新しいモノの視覚的印象と、これまで伝承してきた文様との結合プロセスをみることができる。その結果、対象物の視覚的印象やイメージが最優先され、最終的には正面性のないユニークな文様ができあがるのだ。

さらに面白いことは、彼らがこのように自身の視覚的印象を自らのなかで消化することができて初めて、創造性豊かな文様になるということである。

震災前は、ラバーリーの女性であればどのような対象物であっても、表情豊かな文様表現が可能であると信じ込んでいた。しかし、震災後にみることとなった、さきほどの観光客の要望に応じて生み出された文様は、そのようなプロセスを経ることがなかったのである。そして、ガネーシャのように女性がこれまでにみたことのある対象物を、ただ模倣して描いているという事例をみることとなった。

ラバーリーの女性による文様の創造には、彼女たちが捉えた対象物への感情が、対象の代理物としてのイメージ形成に参入しているのだ。新しいものへの感情が、イメージの形成において代理物として機能している。また、同時に彼女たちの知覚、つまり観察力の高さを指摘することができる。彼女たちの文様創造のユニークさは、対象物をさまざまな方向から視点を変えながら完全に知り尽くし、それを感情的反応による代理物としてのイメージと結合させながら幾何学化して、平面に再構成しているのだ。まさにそこにラバーリー女性のものづくりの「肝」があったのだ。

そして、彼女たちが育ってきた環境は、常に刺繍をおこない、衣装をはじめ文様に包み込まれてきた生活であったため、この主観的要因ともいえる視線の鍛錬を日頃からおこなってきたといえる。そしてこの視線の鍛錬と、感情的反応による代理物となるこれまで継承してきた文様のバリエーションの多さが結合した結果、新たな文様の創造プロセスにおけるユニークな具現化が可能になったのだろう。

被災後のはなし

震災後、私はラバーリーの村を訪れるのが恐かったのかもしれない。帰国後、日本でインド西部大震災の被害の大きさを聞くたびに、心が痛むと同時に、何もすることができなかった自身を悔いていたのだ。ラバーリーの人びとは、この震災をどのように捉えているのだろうか。関心はあるものの、被災した彼らに当時のことを聞いていいものかどうか、思い悩んでいた。

ところが、久しぶりに会ったラバーリーの人びとは、私をみるなり矢継ぎ早に質問してきた。

「震災後、ブジでどうやって過ごしたの?」

「日本にはどうやって帰国したのか?」

「大丈夫だったのか?」

彼らはその後の私を心配してくれていたのだ。また、

「日本は地震が多い国だろ。みんなあんな大きな揺れを経験しているのか？」

「地震はどうやって起きるのか？」

さまざまな質問をぶつけてきた。そして、バッチ・バビも、崩れた家をみて子どもが亡くなったかと思い、二人で泣いていたことを思い出し、「ジョコはあの時、泣いていたよね」などと、思いのほか、みな明るく被災のことを話してきた。

私は自身の被災後から帰国までを丁寧に説明した。その後ゆっくりと、みなへ質問をした。地震が起きた時はどこにいたのか、その後どのような生活をしたのかなど。

放牧をしていた男性たちの多くは、家畜の乳搾りを終え、家畜とともに移牧へでようとしている時であった。彼らは家畜とともに揺れがおさまるのをまってから、村へ戻って来たという。「家は崩れたけど、地震で家畜が死ぬことはないよ。家畜と一緒に揺れがおさまるのをまっていたんだ。町では、商品や商売道具、材料などが一瞬にして壊れて無くなった人たちがいるよね。私たちの家畜は無くならなかったよ」とみな、誇らしげに口々に言った。

辛い話を聞くことがなく、拍子抜けした気分であった。

その後、時間をかけて個別に話を聞くと、食糧や水を確保するために人びとが争い、殴り合いや奪い合いがあったこと、ビニール製のテントで日中の灼熱と、夜間の寒さに耐えなければいけなかったことなど、当時の苦労を教えてくれた。

しかし、いろいろな話を聞くと、みな最後に口にするのは、「大変なこともたくさんあってつらかったけど、今、生きていることをマータージー（女神）に感謝する」という言葉であった。そして、「ジョコが被災後、無事に日本の家族のもとに帰ることができたのも、ふたたびこうして村へ来ることができたのもマータージーのおかげだよ」と言うのであった。

心の傷

その後、以前にお世話になった方々の安否が気になり、私はアボとともに彼らを訪ねて各村をまわった。特に丁寧に糸紡ぎを教えてくれたパダル村のアジュ・バイは、高齢ということもあり気になっていた。

パダル村へ行くと、アジュ・バイの妻をみつけた。久しぶりに会った彼女は、以前と比べて一気に老けたようにみえた。聞くと、被災時はアジュ・バイも家族も無事だったという。しかし、その後の過酷なテント暮らしの疲労が溜まってか、震災六ヶ月後にアジュ・バイは息をひきとったという。

私はもう少し詳しく話を聞こうとした。するとアジュ・バイの妻が、あっちへ行けという手振りをして私を追い払った。あんなに冗談を言いながら、人なつっこかった彼女からは予想もできない素振りに、衝撃を受けた。とりあえず私はその場を立ち去った。落ち込む姿をみていたアボは、彼女の元へ理由を聞きに行ってくれた。

すると、戻って来たアポは、悲しそうな顔をしていた。アジュ・バイの妻は、私が嫌であのような態度をとったのではないという。顔をみると、腹帯を私に教えていた当時の楽しそうな夫の顔を思い出してしまい、辛いのだという。あの楽しかった日々を今は思い出したくないため、もう顔をみせて欲しくないと言ったという。

その日の帰り道、私たちは話をすることもなく、ただ家路を急いだのだった。

調査村より東の地域は震源地に近く、多くの人びとが亡くなっていた。以前お世話になった人の村へ行くたびに訃報を聞くこととなった。改めて、地震による被害の大きさを知ることとなったのである。

第六章　映像取材を通じて

映像取材に参加する

二〇〇六年五月、友人の金谷美和さんより、「国立民族学博物館の映像取材に協力していただけませんか」と打診を受けた。グジャラート州の女神祭礼と手工芸に関する映像資料収集へのお誘いであった。国立民族学博物館（以下、みんぱく）の三尾稔准教授が代表をつとめるプロジェクトの一員になって現地でカメラマンとともに映像取材に加わるというものであった。

当時、私は博士課程修了後、就職活動をしながら大阪芸術大学で非常勤講師をしていた。時間的に余裕があったことと、代表の三尾先生からプロジェクトの主旨説明を丁寧に受けたこともあって、映像取材に加わることを決めた。

みんぱくは博物館機能を持ち、世界の諸民族の社会と文化を調査研究する研究所である。大阪府吹田市の万博記念公園内に位置している。館内には九つの地域展示と、音楽と言語のふたつの通文化展示がある。そして、みんぱくには、梅棹忠夫初代館長によって命名された「ビデオテーク」と呼ばれるものがある。みんぱくの広報誌『月刊みんぱく』の第二号となる一九七七年十一月号の記事では、「ビデオテーク」をこのように紹介している。

民博自慢の「ビデオテーク」は、「目で見て耳で聞く教養サロン」です。この教養サロンは、コントロール室を直結しており、入館者ならだれでもボタンをおすだけで、いながらにして世界のさまざまな民族の生活や文化を知ることができるシステムになっています。見る人の関心によって、見たい地域、知りたい内容に応じた番組を選ぶことができるのが、この教養サロンです（中略）このビデオテークは、この博物館で開発されたもので、もちろん世界ではじめてのものです。

このようにみんぱくでは、開館当初の一九七〇年代から積極的に映像音響資料の収集に力を入れてきた。その成果公開として、「ビデオテーク」と呼ばれる映像資料を閲覧するコーナーがある。現在は、約六百本の映像資料を来館者は無料でみることができるようになっている。

大学時代から、時折、みんぱくを訪れていた。なかでも、「ビデオテーク」が面白く、これをみるために私はみんぱくへ通っていたとも言える。世界の人びとのくらしや儀礼はもちろんのこと、世界中の手工芸文化に関する映像資料は、私を夢中にさせた。

現地で知り合った友人

「ビデオテーク」の魅力を知っていただけに、依頼された当初は、映像取材というものはどういうものなのだろうか、現地の人びとはどのような反応をするのだろうか、などの不安が頭をよぎった。しかし、最後の決め手となったのは、金谷さんと一緒に取材できるということであった。

彼女とは、一九九八年にカッチ県で出会ってから「美和さん」、「陽子さん」と呼び合う仲だ。同年八月十四日の日記にはこのように書かれている。

「今日、京都大学の大学院生のカネタニミワさんに会う。カトリーについて調査しているらしい。子どもも一人いて、現在はブジのゲストハウスでカッチ語を勉強しているらしい。なんだか賢そうなイメージ。また、ゆっくりお話したいな」。

彼女の調査地は、私が調査拠点としていたブジョディ村から七キロメートルしか離れていない中心都市ブジであった。これまでも、カッチ県に住む人びとに、「ヨウコ（ジョコはラバーリーでの呼び名）は日本人だろ。ミワをしっているか？　彼女も日本人だぞ。友達か？」、「ミワと会ったことはあるか？　彼女はカッチ語がペラペラだぞ。あんなにカッチ語が話せる外国人はみたことがない」などと、尋ねられることがたびたびあり、「ミワさん」という日本人がいることは知っていた。

初めて彼女と会ってから、数日後、彼女の滞在するゲストハウスで再会する約束をした。ゲストハウスを訪れると、彼女がでてきた。美和さんも、私と同じように「ヨウコを知っているか？」と尋ねられていたようで、お互いようやく会えたねと笑い合った。

彼女との出会いは、私に多くの刺激を与えるものとなった。彼女は、文化人類学を専門とし、調査対象はカトリーと呼ばれるムスリムで、主に絞り染めや木版捺染などの染色業に従事している人びとだ。

その日、多くの話をした。お互いの調査地は、わずか七キロメートルの近距離にもかかわらず、ヒンドゥーとムスリム、牧畜民と染色業、村と都市、ラバーリー語とカッチ語といったように、調査対象者の宗教や生業、生活環境や使用言語などがまったく異なっていた。お互い調査地や調査対象者の話をするが、ともに異国の出来事を聞いているかのように感じたのであった。

このようにカッチ県では、わずか数キロメートル居住地域が離れるだけで、コミュニティが異なることがある。私たちはこれまで近い距離で調査をすすめてきたにも関わらず、それぞれの調査地での見聞や経験がまったく異なることから、どのような話をしてもとても刺激的であった。また、彼女は京都、私は大阪とともに関西居住ということもあり、その日以来の交流が続いている。

研究者にとって、自身が考えていることや注目していることを、即座に話し合うことができる相手がいるのはとても幸運なことである。議論をすることによって、まとまっていない事項の問題点や論点が明らかになるからだ。彼女とは、専門分野が異なるものの興味の矛先が似ているのだ。切磋琢磨できる研究者仲間に出会えることは、研究者人生を続けてゆくなかで重要なことである。その彼女と、初めて一緒に仕事をすることになったのである。

映像取材を開始する

映像取材の日程が決まった。九月二十三日から始まる「ナヴァラートリ」に合わせることになった。今回の映像取材の目的は、グジャラート州でナヴァラートリと呼ばれる女神を祀る祭礼の様相を撮影することだ。ナヴァは「九」、ラートリは「夜」を意味し、その名の通り、インドの暦におけるアーシュヴィン月（九月〜十月）とチャイトラ月（三月〜四月）の満月に向けて九日間かけておこなわれる祭礼である。ナヴァラートリは、ヒンドゥー教のドゥルガー女神と、スイギュウの姿をした魔物マヒシャとの九日間におよぶ闘争に関する神話がベースとなっている。ドゥルガー女神と同一視される女神たちが祭礼の中心となり、最終日には、スイギュウか雄ヤギの頭を切り落とし、吹き出す血を供物として捧げることが伝統となっている。

今回の計画は、グジャラート州アフマダーバード・バローダ班とカッチ班の二班をつくり、同時並行で、別地域の祭礼を比較できるように取材するというものであった。女神祭礼と、その際におこなわれる「ガルバ」と呼ばれるダンスのバリエーションを、現地の人びととの生活と関連させながら撮影し、さらにカッチ県の手工芸に関する映像取材を十月七日までおこなうというものであった。カッチ班は、美和さんと私、カメラマンとして映像制作の会社エスパの井ノ本清和さんの三人であった。アフマダーバード・バローダ班は三尾先生とカメラマンというように二班にわかれて映像取材をおこなった。

取材内容は女神祭礼やダンス、それらに関連する現地の人びとのくらし、カッチ県の手工芸である絞り染めや木版捺染、ミラー刺繍など多岐にわたった。さらに、調査対象であるラバーリーのくらしや儀礼、移牧生活などについても撮影をした。

被写体としてのラバーリー女性

現地で取材をおこなうにあたって危惧していたことがあった。ラバーリーの女性たちが、男性のカメラマンにカメラを向けられた際に、嫌がらないだろうかということであった。

カッチ県には、家族の衣装や儀礼用刺繡布を自らで制作するコミュニティが数多く居住している。ヒンドゥーのラバーリーやアヒール、メグワール、ムスリムのムトワ、ジャトなどである。彼女たちの制作する刺繡布やそれらを取り巻く生活については、ビッキー・C・エルソン（Vickie C. Elson）の『*Dowries From Kutch*（カッチからの持参財）』（1979）や岩立広子の『インド　砂漠の民と美』（1985）、ノラ・フィッシャー（Nora Fisher）編の『*Mud, Mirror and Thread*（泥、鏡と糸）』（1995）、T・S・ランダワ（T. S.Randhawa）の『*Kachchh*（カッチ）』（1998）、クリストファー・W・L（Christopher W. London）編の『*The Arts of Kutch*（カッチの芸術）』（2000）などの出版物によって紹介されている。

これらの書籍の表紙に、人びとの目を惹きつける象徴として、色鮮やかな衣装を身にまとった女性、刺繡布で飾られた家屋など、たびたび登場するのがラバーリーなのである。例えば、『インド砂漠の民と美』と『*Kachchh*』ではラバーリー女性、『*The Arts of Kutch*』ではラバーリーの壁面装飾や刺繡布が表紙を飾っている。さらに、ラバーリーを題材とした写真集もいくつか出版されている。

このように、ラバーリーはその風貌から外部の目を惹く存在であるため、観光客などから写真を撮られることが頻繁にある。その際、彼らが撮影者に代金を求めるなどして、口論になる場面を調査先でたびたび目にすることがあった。

「ジョコ、私たちの写真はお金になるんだろ」

「ブジのお店で私たちの写真がカードになって売られているよね、私たちには一銭もお金が入ってこないけど」

「どうして断りもせずに外国人は写真を撮るの、ジョコどう思う」

日頃から彼女たちは、自らを被写体とされることに疑義を呈していた。そんなこともあって、今回の映像取材を拒否されないかどうか、内心不安のまま現地へ赴いたのであった。

気に入られたイノ・バイ

ところが、そんな心配は思い過ごしであった。調査先で撮影をすることの意義や目的などを説明すると、彼らは全面的に協力すると言ってくれた。また撮影が始まると、女性たちはカメラなどまったく気にしないそぶりで撮影に応じてくれた。これは、私にとって意外なことであった。

理由のひとつとして、カメラマンの雰囲気がおおきかったと思われる。世界各地で映像を撮影している井ノ本さんは、まるで空気のように振る舞い、彼らの言葉がわからないにも関わらず、目線と身振りでコミュニケーションを成立させてしまっていたのだ。撮影中からラバーリーの人びとは、彼を「イノ・バイ（バイは男性への敬称）」と呼び、今でも私が調査地を訪れると撮影された人びとは、「イノ・バイとは日本で会うのか？」、「イノ・バイは元気か？」と尋ねる。すっかり気に入られてしまったのだ。

私も、現地でビデオカメラで撮影をおこなうことがある。儀礼や手工芸技術などその内容はさまざまであるが、映像作品をつくるのではなく、あとで見返して、聞き取りや調査の補足として使用するための記録撮影だ。ただし、この撮影は一筋縄では成立しない。撮影するビデオカメラの画面を子どもがのぞき込んだり、私の手元を引っ張ったりするので、ぶれない映像を撮るために、子どもと必死の格闘が必要となる。また撮影される女性も男性も、私との関係が密接であるほど、撮影されることに照れが出てしまい、日常の風景を撮ることが困難になる。そういったなかで、「イノ・バイ」が空気のように、彼らを撮影する姿を羨ましく感じた一方で、プロフェッショナルなカメラマンの仕事をみることができたのは、貴重な収穫であった。

また、初めてカッチ県を訪れた井ノ本さんは、撮影するにあたってさまざまな疑問を私に尋ねた。彼の尋ねる事項は、調査地に染まってしまった私にはすべてが新鮮であった。調査開始時は、彼同様にみるものすべてに疑問を持ち、質問をしていた。しかし、いつのまにか調査地になじんでしまい、わかったような気分になっていたことが、彼からの質問に明快に答えられないことで明らかになった。そういった意味でも、初めて調査地を訪れるカメラマンとの共同作業は、ふたたび調査地を客観的にみる必要があることを学ぶ機会となった。

トポロづくりを撮影する

タイミングよく映像取材期間中に、調査村で婚約のための婚資を包む行事がなされた。許可をもらい、幸運にも撮影することができた。

第二章で紹介したようにラバーリー社会では、一九七〇年ごろまで幼児婚の慣習を持っていた。現在は、十七歳から二十歳ごろに結婚をするが、幼児婚の名残として、今でも幼いころに婚約を調える慣習がある。

今回、婚約を調えるのは七歳になる男児だ。彼の叔父と祖父は、一年前に花嫁候補の家へ行き、婚約の内諾をいただいていた。そして、近日中に正式な婚約を結ぶために、花婿側から婚資として「トポラ」と「トール」を花嫁側に贈る準備をするところであった。トポラとは、十キログラムの砂糖を丁子やカルダモンの実、シナモンやブドウ、ハーブなど吉祥とする香料と一緒に布で包んだものである。このトポラは刺繍布（ポロ）で覆われている。トールは金の首飾り（マーダリーユー）、金の大型首飾り（シーヤル）、銀の腕輪（チュード）、銀の足輪（コララー）、銀の足飾り（ジャンジャル）の総称である。

女性たちは花婿候補の家に集まって、十キログラムの砂糖をコンパクトに包む作業を共同でおこなう。それは同時に、花嫁側に贈るトールのお披露目を兼ねており、親族以外の村の女性たちも贈り物の品定めにこの家を訪れるのであった。準備の一部始終を撮影することができた。この様子は、みんぱくのビデオテーク長編番組『ラクダとともに生きる——インド・ラバーリーの人びとのくら

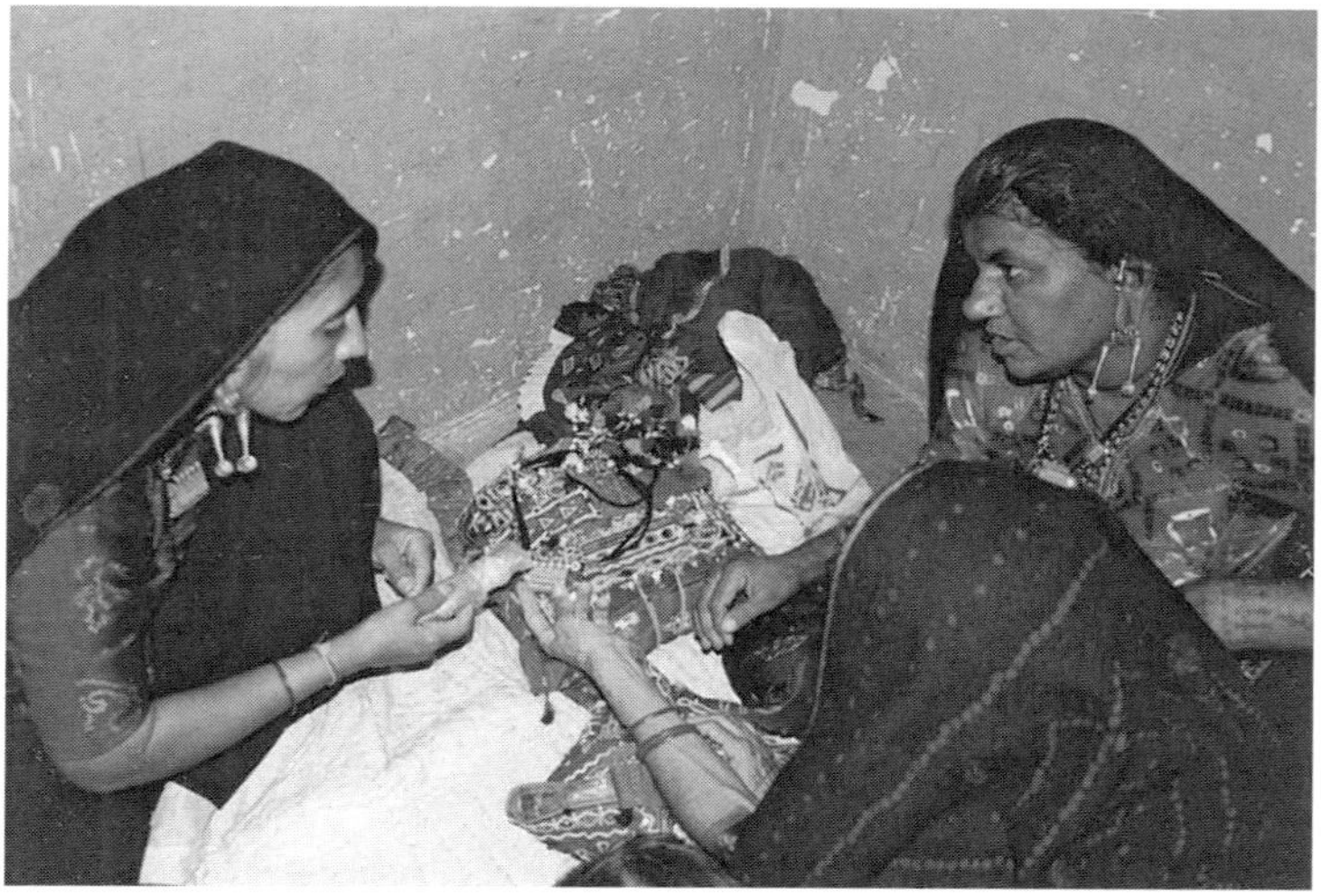

写真52　花婿側から贈られたトポラとトールを吟味する花嫁の女性親族。中央にみえるのがトポラ。トポラを覆う刺繍布や金の首飾りを手に取りながら、その出来不出来を真剣に議論している。

し』の中で紹介しているので、ご覧いただければと思う。

出来上がったトポラとトールは、花婿の叔父と祖父が花嫁側へ届ける（写真52）。花嫁側が、これらの婚資を受け取ることによって、両者の婚約が成立する。花嫁側は、婚資として受け取った砂糖の半分を花婿側へ戻す。そして一緒にトポラを覆っていた刺繍布も花婿側に戻す。花婿側は、戻された砂糖と刺繍布を持って自分の村へ帰り、砂糖を村の人びとへ渡すことによって、婚約が無事に調ったことを知らせる。同様に花嫁側では、花婿側から贈られた砂糖を、村の人びとへ配り、婚約が調ったことを知らせる（写真53）。

これは私にとって調査の際、便利で

写真53　婚約した少女の姉たちが、トポラを頭にのせて村中練り歩き、婚約が調ったことを知らせる。胸元に婚資である金の首飾りがみえる。

あった。村のどこにいても子どももしくは若い女性が、砂糖を渡しに来てくれる。砂糖をもらうということは同じ村の中で婚約が調ったこと、あるいはそれ以外のおめでたいことがあった証であり、それを頼りに聞き取りをおこなうことができたのだ。

番組をつくる

映像取材の翌年度、取材をした映像の編集がすすみ、ナレーションの台本を作成することとなった。みんぱくのビデオテーク番組は研究者が映像取材をし、ストーリー構成やナレーションの台本も監修するところが特徴である。多くの映像素材の中からどこに焦点をあてて、ストーリーをつくるかなど、たびたび打ち合わせをしながら熟考していった。そして内容が固まり、ナレーション内容も決まると、現地名の発音やアクセントなどを指示しながら、ナレーション入力にも立ち会った。おおむね順調にすすみ、年末から年度末にかけて全体の映像チェックを済ませることができた。

これらの映像取材の成果として完成したのは、次の通りである。

ビデオテーク・マルチメディア番組として、『インド西部　カッチのくらし』、『グジャラートのナヴァラートリー祭礼』の二本、ビデオテーク短編番組として『ミラー刺繍と祭り』(十六分)、長編番組として『カッチのナヴァラートリー祭礼』(四十分)、『ラクダとともに生きる――インド・ラバーリーの人びとのくらし』(五十六分)、『インドの染色職人カトリー――カッチ地方の絞り染めと更紗』(五十三分)の三本である。すべて二〇〇六年撮影で、監修はプロジェクト代表の三尾先生、金谷さん、私の三名である。これらは、みんぱくの無料ゾーンにあるビデオテークコーナーで公開されている。

完成した映像をみせる

出来上がった映像番組を、撮影協力者である現地の人びとへ渡しに行ったときのことであった。村の人びとは、どのような仕上がりになっているか興味津々であった。早速、町からDVDデッキを借りて来て、上映会をおこなう運びとなった。集まった人びとは、自分や家族、親戚や友人の姿をみつけては、画面を指さし大笑いをしながら和気藹々とした雰囲気のなか映像を観賞していた。

映像が流れるなか、自分たちとは別の村の女性たちが刺繍をしている場面になった。すると、観賞していた女性たちから「モスラ、モスラ」という声が笑いとともに起きたのである。彼女たちが指をさしていたのは、別村のラバーリー女性による商品用の刺繍製作の作業風景であった。

「モスラ」とはラバーリー語で、「大雑把」や「雑な」といった意味で使われる言葉である。この言葉は刺繍技術にのみ使われる言葉ではない。例えばこの地域でつくられるマニ（未発酵のパン）は、薄く均一に伸ばしたものが美味しいのだが、厚く均一に伸ばしていないマニを「モスラ　マニ」と呼んだり、掃除や洗濯をはじめとする家事全般などの不手際を指して「モスラ」と表現したりする。

女性たちに「モスラ」と言った理由を聞いてみると、刺繍の針目の粗さについて指摘したという。「あんな縫い目の刺繍はだめだ」、「粗くてよくない」など口々に、不出来を指摘したのだ。

それでは、ラバーリー女性にとってものづくりの基本である、よい刺繍、上手い刺繍とはいったいどのようなものなのであろうか。

よい刺繍とは

大学の授業やワークショップなどで、ラバーリー女性が「モスラ」と言った映像シーンをみせることがある。参加者に感想を聞くと、「丁寧で緻密な刺繍作業」、「とても細かい刺繍作業」といった返答が大多数を占める。それほど細かい刺繍作業にも関わらず、なぜラバーリー女性は「モスラ」と指摘するのであろうか。

そこには、ラバーリーの刺繍布の特徴をあげる必要がある。前述したように、ラバーリーの刺繍布の特徴は、ミラー刺繍を多用することである。もうひとつの特徴は、目の詰まった緻密な四角い梯子状の鎖縫いである。一見すると、鎖縫いとわからないほど整った細かい鎖縫いで布面をうめることが、ラバーリー刺繍の最大の特徴となっている（42頁写真15参照）。刺繍技術を習い始めた少女は、上手にミラーを縫いつけられるようになることと、緻密な鎖縫いで直線を描けるようになることを習得して、初めて一人前になるのだ。

さきほどの映像でみた商品用の刺繍の縫い目は、一見、細かいようにみえるが、ラバーリーの鎖縫いと比較した場合、明らかに密度が低い。つまり映像をみた女性たちは、これまで自分たちがおこなってきた刺繍の密度とは異なる粗い刺繍の縫い目に対して指摘したのであった。

商品としての刺繍布には、ラバーリーの持つ緻密な刺繍技術は不必要であるといえる。ラバーリー女性にとっては、粗い縫い目の刺繍であったとしても、販売用としては十分なクオリティーを持っているからである。商品として販売する際の値段を考えると、緻密で時間がかかる刺繍ではなく、ある程度の細かさであれば、粗くても早くできる刺繍が好まれるのだ。

調査のなかで、ラバーリー女性にたびたび聞いていた質問がある。「どんな刺繍がよい刺繍なのですか」と。すると彼女たちは、必ずといってよいほど「刺繍の縫い目が細かいこと」、「色が鮮やかであること」、「文様が適切であること」の三点を挙げるのだ。

NGO商品をつくらないこと

カッチ県を周遊すると、土産物屋やホテルなどで販売されている刺繍布に出会うことがある。これらは、この土地で実際に使われているものと、販売を目的としてつくられたものとに分けることができる。販売用としての刺繍布は、この地域のさまざまな女性たちが現地のNGOなどの主導によって、手工芸振興活動の名のもとに製作しているものである。

一部のラバーリーも、これらのNGOから刺繍作業の委託を請け負っている。しかし、他のコミュニティに比べると、明らかにラバーリー女性はこの活動に積極的に参加していない。そして、その理由は、さきほど商品づくりの映像をみて、女性たちが「モスラ」と言って笑ったことと関係している。

例えば、この地域で商品づくりに積極的に参加しているアヒールの人びとの刺繍布と比較してみよう。アヒールの鎖縫いは、ラバーリーの鎖縫いに比べて、鎖目と鎖目の間隔が二倍ほど離れている。また、アヒールの刺繍布は、ラバーリーの刺繍布のように手間のかかる多種類のガラスミラーを使用することなく、丸形のガラスミラーのみをもちいて、ミラー刺繍がほどこされている。ラバーリーが商品用として刺繍布の製作を請け負うときには、加工や縫いつけることが簡単な丸形のミラーを指定されることが多く、また縫い目は粗くてよいと指示される。

つまり、アヒール女性にとっては、自身の刺繍技術を変えることなく、商品づくりをおこなうことができるが、ラバーリー女性にとっては、自身の刺繍技術のレベルを落として商品づくりをしなければならないのだ。ものづくりをしている人なら理解できるかもしれないが、自身が持っている技術のレベルをあえて落としたものづくりは、制作者としてのよろこびを放棄するようなものである。

さらに、縫い目の粗さ以外にも、商品としての刺繍布の色彩について、ラバーリー女性は違和感を抱いているのだ。土台となる布地と刺繍糸との色の関係が良くないというのだ。前述したように、この地域の刺繍布は赤色や緑色を基調とした布に、青緑糸やオレンジ色の刺繍糸といった補色関係で構成されている。一方、商品は薄茶色に水色、淡いピンク色に淡い緑色といった落ち着いた色彩構成となっている。これは、販売対象としている外国人などには好印象ではあるが、ラバーリー女性は「生理的に受けつけない」、「心地よくない」と述べるのであった。

また、ラバーリー女性にとって、刺繍布は文様で全面が覆われているものがよいとされている。わずかな隙間があればそこには、星を意味する文様やボタンなどをちりばめる。しかし、商品の文様表現は一部分のみ、あるいはワンポイントといったものが多く、そのような文様表現をよしとしないラバーリー女性は、やはり違和感を抱いてしまうのだ。

例えば、商品刺繍を請け負っていたラバーリーの村落に、工場ができて人材が募集されると、ラバーリー女性は商品刺繍の製作ではなく、工場に働きに行く。私が彼女たちに刺繍をする方が楽ではないのかと尋ねると、「商品として刺繍をすることは、私たちにとっては工場で働くことと一緒よ」、「自分のよしとする刺繍がつくれないなら、日雇いの仕事と刺繍作業は同じこと」とはっきりと答えるのであった。

そこに、ラバーリー女性の刺繍布づくりへのこだわりと誇りがつまっているのであった。

ラバーリーのものづくり

ラバーリーのものづくりに対する姿勢を知りたい、ものをつくることの意味を探りたい、今振り返ればただその思いでカッチ県での調査をすすめてきた。大きな命題を抱えながらラバーリーとともに刺繍や糸紡ぎ、編み、織りといった染織技術を学びながら、制作の現場にてこの命題についていつも考えてきた。

評価などないと思っていたラバーリー女性の刺繍には、親族や姻族のつくり手同士による厳しい評価があることが明らかとなった。刺繍布の制作技術を通して、製作者本人だけではなく技術を教えてくれた親族すべてが評価されるという厳格なものである。また、女神という予測もしなかった評価軸があることも明らかとなった。

そして、男性による放牧用具づくりは、「売るためではない」という言葉が象徴しているように、自家消費であったからこそ、糸づくりや紐づくりに時間をかけることができたのだ。そして、彼らのものづくりに対する執拗なこだわりがあってこそ、編技術や織技術が継承され続けてきたのだ。

あとがき

大学四年生のときに出会ったラバーリーの刺繍布は、その後の私のものづくりを考える基軸になった。幸運にも研究職に就くことができ、現在もラバーリーの刺繍布をはじめ、インドの染織文化の調査をつづけることができている。

振り返ってみると、多くの出来事がその場での決断によって成り立っていたことがわかる。多少見切り発車な面も否めないが、直感のみを頼りに判断して研究をすすめてきた。

事前準備もままならずフィールドに飛び込んでしまった私が、フィールドワーク選書シリーズでいったい何を書いたらよいのか不安であった。

このような私に、執筆の機会を与えていただいたシリーズ編者の関雄二先生、印東道子先生、白川千尋先生には深く感謝を述べたい。お三方には編者として拙稿へ丁寧なコメントをいただくとともに、関先生と印東先生には遅々として作業をすすめることができなかった私へ度重なる激励をしていただき、本書の刊行まで導いていただいた。この場をお借りして改めて御礼を申し上げたい。また、見通しのたたない拙稿の編集に辛抱強くつきあっていただいた臨川書店の西之原一貴さん、藤井彩乃さんには厚く御礼の意を表したい。みなさんの励ましがなければ、本書は仕上がっていいなかったであろう。

なお、本書は書き下ろしの形を取っているが、図版や写真などの一部は拙著『インド、ラバーリー社会の染織と儀礼――ラクダとともに生きる人びと』(二〇〇六年、昭和堂)にも収められている。

つくることでわかること

本書を通してひとつ言えることが、私は調査地において「まずは手を動かす」ことから始めたということである。調査対象者の制作に従事し、手を動かす、体験をすることによって、そこから疑問が生まれ、じっくりと命題を設定して調査研究に取り組んできた。

特に、手工芸技術は観察をしているだけではその技術や技術の後ろにそびえ立つ文化背景や社会背景を探ることは難しい。そこで、調査対象者とともに「刺繡をする、糸を紡ぐ、編みをする、織りをする」という手法でこれまでフィールドと向き合ってきた。

手を動かしながらラバーリーのものづくりに対して調査をすすめてゆくと、彼らのものづくりへのこだわりと誇りに共感をおぼえるようになっていった。そして、彼らのそういった姿勢とともに、彼らが保持している制作技術をしっかりと記録しなければならないという使命感にも駆り立てられていた。

実は、手工芸技術に関する研究書をみわたしても、その技術に関しての詳細な工程や、つくり手の「勘どころ」や「肝」が明記されているものは少ないのである。そのため私は、できるかぎり、その分野の手工芸技術に通じているものであれば、再現できる、理解できるような技術の表記を試みてきた。その際、有効となるのが図である。文章や写真では伝わらない部分も図にすることによって明快となるのだ。

異文化理解をめざして

現地調査をすすめる一方で、インドで修得した刺繍技術などのものづくり系ワークショップにも取り組んできた。詳細は別稿にゆずりたいが、対象は大人や子どもなどさまざまで、時間も一、二時間のものから終日、複数日といった、多様なワークショップの企画や講師を務めてきた。

これは、参加者自身が実際に手を動かし、現地の人びとのものづくりに触れることで、ただ話を聞く、写真をみるといったこと以上に異文化への理解が深まるのではないかと考えているからである。もちろん、異文化を理解することはそう簡単ではない。

初めてラバーリーの村に住み込んでから十七年経つが、彼らの文化を理解しているとは言い難い。長年、フィールドワークにたずさわってきても、彼らの文化を理解することなど、不可能ではないかと思うこともたびたびある。しかし、手工芸技術の背景にはその地域の風土や文化がぎっしりつまっている。少しでもその技術を学ぶことよって、異文化理解への糸口をみつけることができるのではないかと信じてフィールドワークに従事している。また、私自身が教えるという行為を経て、現地では気がつくことができなかった技術的特徴を読み取ることも時にはあるのだ。

新たなテーマ

フィールドでの調査は、パソコンに向かう時間が圧倒的に少ない。糸紡ぎや刺繍、染め、織りなどの実制作に従事する時間が必然的に多くなる。技術を学ぶことは根気が必要で大変さはあるものの、細かい手作業をつづけてゆくと、自然にざわついた心が集中して落ち着いていく。

現在、日本では針仕事や編み物、キルトづくりなどが再注目され、町中にも刺繍カフェ、ニッティングカフェ、クラフト講座が多いことは、現代社会の不安定さや消費社会へのストレス、ネット空間での人間関係に疲れた人びとの癒しやケアの効果がそこにあるからではないかと考えている。世界中の被災地や被災者などが、手芸を通してネットワークづくりをしていることとも関係しているのではないかと推察している。

このような問いを、多分野の人びとと研究をしてみたいと思い、二〇一四年より「現代『手芸』文化に関する研究」という共同研究を国立民族学博物館でたちあげた。

私がラバーリーの調査では追求することができなかった、手芸とはなんなのだろうかという問いにようやく取り組むことができるのだ。別稿でこの共同研究の成果をお伝えすることができればと思っている。

本書を書き終えるにあたって、このような調査を続けられたのは、染織研究へ導いていただいた井関和代先生をはじめ、本書に登場するすべての人びとのおかげであると、改めて実感している。特にアボとアイは、まるで実の娘のようにインド生活を支えてくれた。インドで出会うことができた多くの方々によって私の研究生活は成り立っているのだ。

さらに、本書の草稿について国立民族学博物館・外来研究員の宮脇千絵さんと中村真里絵さんからコメントを頂戴した。さらに安達昌代さん、那須慶子さん、喜多川真由美さんには日頃から調査資料の整理など真摯に手助けしていただいた。彼女たちがいなければ、私の仕事は一切すすまなかったであろう。いつも助けていただいているみなさんに感謝の意を述べたい。

上羽陽子（うえば　ようこ）
1974年名古屋市生まれ。大阪芸術大学大学院芸術文化研究科博士課程修了。博士（芸術文化学）。国立民族学博物館准教授。専門は民族芸術学・染織研究・手工芸研究。インド、ラバーリーの手工芸技術や南アジアの染織文化について、実践的アプローチによる調査研究を行っている。著書に『インド、ラバーリー社会の染織と儀礼――ラクダとともに生きる人びと』（昭和堂、2006年）、『世界のかわいい民族衣装』（監修、誠文堂新光社、2013年）がある。

フィールドワーク選書⑫
インド染織の現場
つくり手たちに学ぶ
二〇一五年二月二十八日　初版発行
著者　上羽陽子
発行者　片岡敦
製本印刷　亜細亜印刷株式会社
606-8204 京都市左京区田中下柳町八番地
発行所　株式会社 臨川書店
電話（〇七五）七二一―七一一一
郵便振替　〇一〇七〇―二―八〇〇
落丁本・乱丁本はお取替えいたします
定価はカバーに表示してあります

ISBN 978-4-653-04242-6 C0339
〔ISBN 978-4-653-04230-3 C0339　セット〕

フィールドワーク選書　刊行にあたって

編者　印東道子・白川千尋・関　雄二

人類学者は世界各地の人びとと生活を共にしながら研究を進める。何を研究するかによってフィールド（調査地）でのアプローチは異なるが、そこに暮らす人々と空間や時間を共有しながらフィールドワークを進めるのが一般的である。そして、フィールドで入手した資料に加え、実際に観察したり体験したりした情報をもとに研究成果を発表する。

実は人類学の研究でもっともワクワクし、研究者が人間的に成長することも多いのがフィールドワークをしているときなのである。フィールドワークのなかでさまざまな経験をし、葛藤しながら自身も成長する。さらにはより大きな研究トピックをみつけることで研究の幅も広がりをみせる。ところが多くの研究書では研究成果のみがまとめられた形で発表され、フィールドワークそのものについては断片的にしか書かれていない。

本シリーズは、二十人の気鋭の人類学者たちがそれぞれのフィールドワークの起点から終点までを描き出し、それがどのように研究成果につながってゆくのかを紹介することを目的として企画された。なぜフィールドワークをしたのか、どのように計画をたてたのかにはじまり、フィールドでの葛藤や予想外の展開など、ドラマのようなおもしろさがある。フィールドで得られた知見が最終的にどのように学問へと形をなしてゆくのかまでが、わかりやすく描かれている。

フィールドワークをとおして得られる密度の濃い情報は、近代化やグローバル化など、ともすれば一面的に捉えられがちな現代世界のさまざまな現象についても、各地の人びとの目線にそった深みのある理解を可能にしてくれる。また、研究者がフィールドの人々に受け入れられていく様子には、人間どうしの関わり方の原点のようなものをみることができる。それをきっかけとして、人工的な環境が肥大し、人間と人間のつながりや互いを理解する形が変わりつつある現代社会において、あらためて人間性とは何か、今後の人類社会はどうあるべきなのかを考えることもできるであろう。フィールドワークはたんなるデータ収集の手段ではない。さまざまな思考や理解の手がかりを与えてくれる、豊かな出会いと問題発見の場でもあるのだ。

これから人類学を学ぼうとする方々だけでなく、広くフィールドワークに関心のある方々に本シリーズをお読みいただき、一人でも多くの読者にフィールドワークのおもしろさを知っていただくことができれば、本シリーズを企画した編集者一同にとって、望外の喜びである。

（平成二十五年十一月）

印東道子・白川千尋・関 雄二 編

フィールドワーク選書 全20巻

四六判ソフトカバー／平均 200頁／各巻予価 本体 2,000円+税 臨川書店 刊

1 ドリアン王国探訪記 マレーシア先住民の生きる世界
信田敏宏 著 本体二、〇〇〇円+税

2 微笑みの国の工場 タイで働くということ
平井京之介 著 本体二、〇〇〇円+税

3 クジラとともに生きる アラスカ先住民の現在
岸上伸啓 著 本体二、〇〇〇円+税

4 南太平洋のサンゴ島を掘る 女性考古学者の謎解き
印東道子 著 本体二、〇〇〇円+税

5 人間にとってスイカとは何か カラハリ狩猟民と考える
池谷和信 著 本体二、〇〇〇円+税

6 アンデスの文化遺産を活かす 考古学者と盗掘者の対話
関 雄二 著 本体二、〇〇〇円+税

7 タイワンイノシシを追う 民族学と考古学の出会い
野林厚志 著 本体二、〇〇〇円+税

8 身をもって知る技法 マダガスカルの漁師に学ぶ
飯田 卓 著 本体二、〇〇〇円+税

9 人類学者は草原に育つ 変貌するモンゴルとともに
小長谷有紀 著 本体二、〇〇〇円+税

10 西アフリカの王国を掘る 文化人類学から考古学へ
竹沢尚一郎 著 本体二、〇〇〇円+税

11 音楽からインド社会を知る 弟子と調査者のはざま
寺田吉孝 著

12 インド染織の現場 つくり手たちに学ぶ
上羽陽子 著 本体二、〇〇〇円+税

13 シベリアで生命の暖かさを感じる
佐々木史郎 著 本体二、〇〇〇円+税

14 人類学者が運命論者になるとき 南アジアのナショナリズム研究
杉本良男 著

15 言葉から文化を読む アラビアンナイトの言語世界
西尾哲夫 著

16 イタリア、ジェンダー、そして私
宇田川妙子 著

17 コリアン社会の変貌と越境
朝倉敏夫 著

18 故郷中国をフィールドワークする
韓 敏 著

19 仮面の世界を探る アフリカ、そしてミュージアム
吉田憲司 著

20 オセアニアの伝統医療とむきあう 国際協力から人類学へ
白川千尋 著

*白抜は既刊・一部タイトル予定

アラブのなりわい生態系

全10巻

責任編集—縄田浩志　編—石山俊・市川光太郎・坂田隆
中村亮・西本真一・星野仏方

1『自然と人間の相互作用環』
2『ナツメヤシ』　本体3,600円＋税
3『マングローブ』　本体3,600円＋税
4『外来植物メスキート』　本体3,600円＋税
5『サンゴ礁』
6『ヒトコブラクダ』
7『ジュゴン』　本体3,600円＋税
8『モロコシとトウジンビエ』
9『篤農家と地域社会』
10『現生人類はキーストーン種か？』

＊四六判上製 平均320頁／白抜は既刊
＊タイトルは一部変更になる場合がございます

ISBN978-4-653-04210-5（セット）